獻給孩子們的禮物

主編的話

世界上最幸福的孩子，是他們一出生就有機會接近故事書，想想看，那些書中的人物，不論古今中外都來到了眼前，與他們相識，不僅分享了各個人物生活中的點滴，孩子們的想像力也隨著書中的故事情節飛翔。

不論世界如何演變，科技如何發達，孩子一世幸福的起源，仍然來自於父母的影響，如果每一個孩子都能從小在父母親的懷抱中，傾聽故事，共享閱讀之樂，長大後養成了閱讀習慣，這將是一生中享用不盡的財富。

三民書局的劉振強董事長，想必也是一位深信讀書是人生最大財富的人，在讀書人口往下滑落的多元化時代，他仍然堅信讀書的重要，近年來，更不計成本，連續出版了特別為孩子們策劃的兒童文學叢書，從「文學家」、「藝術家」、「音樂家」、「影響世界的人」系列到「童話小天地」、「第一次」系列，至今已出版了近百本，這僅是由筆者主編出版的部分叢書而已，若包括其他兒童詩集及套書，三民書局已出版不下千百種的兒童讀物。

劉董事長也時常感念著，在他困苦貧窮的青少年時期，是書使他堅強向上，在社會普遍困苦，而生活簡陋的年代，也是書成了他最好的良伴，他希望在他的有生之年，分享這份資產，讓下一代可以充分使用，讓親子共讀的親情，源遠流長。

「世紀人物 100」系列早就在他的關切中構思著，希望能出版

孩子們喜歡而且一生難忘的好書。近年來筆者放下一切寫作，接下這份主編重任，並結合海內外有心兒童文學的作者共同為下一代效力，正是感動於劉董事長致力文化大業的真誠之心，更欣喜許多志同道合的朋友，能與我一起為孩子們寫書。

「世紀人物 100」系列規劃出版一百位人物故事，中外各占五十人，包括了在歷史上有關文學、藝術、人文、政治與科學等各行各業有貢獻的人物故事，邀請國內外兒童文學領域專業的學者、作家同心協力編寫，費時多年，分梯次出版。在越來越多元化的世界中，每個人都有各自的才華與潛力，每個朝代也都有其可歌可泣的故事，但是在故事背後所具有的一個共同點，就是每個傳主在困苦中不屈不撓，令人難忘的經歷，這些經歷經由各作者用心博覽有關資料，再三推敲求證，再以文學之筆，寫出了有趣而感人的故事。

西諺有云：「世界因有各式各樣不同的人群，才更加多采多姿。」這套書就是以「人」的故事為主旨，不刻意美化傳主，以每一位傳主的生活經歷為主軸，深入描寫他們成長的環境、家庭教育與童年生活，深入探索是什麼因素造成了他們與眾不同？是什麼力量驅動了他們鍥而不捨的毅力？以日常生活中的小故事，來描繪出這些人物，為什麼能使夢想成真。為了引起小讀者的興趣，特別著重在各傳主的童年生活描述，希望能引起共鳴。尤其在閱讀這些作品時，能於心領神

會中得到靈感。

和一般從外文翻譯出來的偉人傳記所不同的是，此套書的特色是，由熟悉兒童文學又關心教育的作者用心收集資料，用有趣的故事，融入知識，並以文學之筆，深入淺出寫出適合小朋友與大朋友閱讀的人物傳記。在探討每位人物的內在心理因素之餘，也希望讀者從閱讀中，能激勵出個人內在的潛力和夢想。我相信每個孩子在年少時都會發呆做夢，在他們發呆和做夢的同時，書是他們最私密的好友，在閱讀中，沒有批判和譏諷，卻可隨書中的主人翁，海闊天空一起遨遊，或狂想或計畫，而成為心靈知交，不僅留下年少時，從閱讀中得到的神交良伴（一個回憶），如果能兩代共讀，讀後一起討論，綿綿相傳，留下共同回憶，何嘗不是一幅幸福的親子圖？

2006 年，我們升格成為祖字輩，有一位朋友提了滿滿兩袋的童書相送，一袋給新科父母，一袋給我們。老友是美國國家科學院院士，曾擔任過全美閱讀評估諮議委員，也是一位慈愛的好爺爺，深

信閱讀對人生的重要。他很感性的說：「不要以為娃娃聽不懂故事，我的孫兒們一出生就聽我們唸故事書，長大後不僅愛讀書而且想像力豐富，尤其是文字表達能力特別強。」我完全同意，並欣然接受那兩袋最珍貴的禮物。

因為我們同樣都是愛讀書、也深得讀書之樂的人。

謹以此套「世紀人物 100」叢書送給所有愛讀書的孩子和家庭，以及我們的孫兒——石開文，他們都是世界上最幸福的孩子，因為從小有書為伴，與愛同行。

第一次接觸屈原是透過收錄在國文課本裡的〈國殤〉。當時十四歲的我完全無法領略這首詩的精彩之處,直在心底嘀咕為什麼這首詩的註釋那麼多,句子那麼難懂,翻譯那麼囉唆,萬分疑惑為什麼這人都已經死了兩千多年,生長在資訊爆炸時代的我們居然還得讀他寫的東西。

第二次接觸屈原完全是個偶然。那時的我被研究所課業壓得喘不過氣,不由得對印象中好像很悠閒愉快的先秦時代(其實這是錯誤的印象!)興起一股嚮往。某日,我隨手翻了翻三民書局出版的《詩經》與《楚辭》讀本,沒想到就這樣掉進屈原詩文的懷抱,為他充沛的想像力、情感渲染力所深深吸引。自然類組出身的我從這個時候開始蒐集與戰國時代相關的書籍,想藉此增進對屈原所處社會環境的瞭解,拉近自己與那二千三百年前的世界的距離。

九三年二月初,我接受三民書局的委託,進行屈原傳記的創作,心裡既是興奮,又是惶恐:興奮是因為能有機會將自己崇拜景仰的人物介紹給讀者認識,惶恐在於擔心自己的創作經驗不足以應付傳記寫作的需要,寫壞了屈原。

不管,先寫寫看,不好再改吧。我這樣安撫自己,開始擬寫作大綱,然後才驚覺自己對屈原生平的瞭解,居然是那麼、那麼的稀少。

拜國文課本之賜,我知道屈原曾擔任楚懷王的「左徒」,後來遭

受小人陷害，被放逐到江南，最後投汨羅江自殺，然後我們多了端午節可以放假；我也曉得屈原的詩文是中國文學的瑰寶，深深影響了後世的文學創作；我更記得自漢代以降，不知有多少鬱鬱不得志的讀書人誦讀屈原詩以抒解排遣情緒，還有更多亂世忠臣以屈原的忠貞愛國來自我砥礪。

然後呢？沒有然後了。

我不知道屈原生在何時、長在何處，不知道他從政的過程與轉折，在被奸臣小人陷害排擠時，他的心境又產生了什麼樣的變化。不但現存的戰國文獻裡沒有任何有關屈原的記載，甚至連史上第一篇屈原傳記——司馬遷所著之《史記‧屈原列傳》問世時，都已是距離屈原沉江自殺二百年後的事，而且〈屈原列傳〉所提供的屈原生平事蹟，其實是很簡略的。

這下該怎麼辦呢？面對著零碎不全的資訊，我只覺得像是有五千片拼圖散落在眼前，卻不知道這些花花綠綠的小碎塊到底是不是可以拼出東西。

瞪著一片空白的電腦螢幕，我心慌意亂的計算著距離截稿日還剩下多少個

日子，手忙腳亂的到處查文獻、找資料，開始慎重考慮是不是乾脆放棄寫傳記。

　　幸運的是，想瞭解屈原生平經歷的人其實並不只有我一個。

　　後世為數眾多的學者從屈原的詩文、戰國時代流傳下來的文獻、漢代的史籍專書、甚至近代的考古資料中，一筆一畫的勾勒出屈原的身影，終於使我們對這位震古鑠今、獨一無二的文學家暨政治家，能夠有了雖談不上精確、卻已經比較清楚的認識。而我就站在他們的研究基礎上，試著將生硬艱澀的考據資料轉化成流暢易懂的傳記故事。

　　本篇傳記主要是以漢代司馬遷先生所撰寫的《史記‧屈原列傳》為骨幹，參照楊寬先生所著的《戰國史》以及魏昌先生所作的《楚國史》，將曾為楚國重臣的屈原一生可能面臨到的國際情勢變化作個整理，然後閱讀屈原的詩文以親近、感受、揣摩這位偉大詩人的心情轉折，再引用漢代劉向所編輯的《戰國策》，讓縱橫家們的伶俐口舌為傳記增添一點戲劇效果，最後發揮自己的想像力，將上述所有素材串連揉合在一塊。

　　寫作之時，我盡可能結合屈原主觀的生命經歷與客觀的戰國背景，因為一個人的行動必須放在時空的架構下去理解才能產生意義，若不把當時的社會環境呈現出來，屈原的偉大之處就沒有著力的地方。

　　為了讓讀者能在閱讀傳記的同時領略屈原的詩文之美，我在描寫屈原的內心運作時大量使用了他的作品，像是〈離騷〉中屈原與

靈氛的對話、〈惜誦〉中屈原對自己忠於國家,結果招來小人陷害的悲憤。不過在這裡要提醒讀者,我是根據傅錫壬注譯的《新譯楚辭讀本》以及張煒所著的《楚辭筆記》來理解屈原的詩文,並在引用時有幾次因故事進行的需要,而稍微扭曲改變了詩文原本的含意。

最後,身為本屈原傳記的作者,很誠懇的希望能以此短短四萬言,讓各位讀者對屈原這位戰國時代的文學家暨政治家有多一點瞭解,進而喜歡、欣賞屈原這個人,甚至去閱讀屈原的詩,親自感受這麼一個純粹的、理想的、熾烈的、浪漫的靈魂。

民國九十三年十月於台北蝸居

寫書的人

郭怡汾

臺南市人,民國八十九年臺灣大學衛生政策與管理研究所碩士畢業。讀的是經濟、衛生與統計,卻始終忘不了中國史地詩詞文藝,於是白天從事統計工作賺取生活費,晚上悠遊網海寫作自娛,其樂無比。

作品散見網路,名不見傳,本書是作者第一本正式出版的歷史小說。

泪羅江畔的悲吟

目次

世紀人物
100

屈原

前340～前278

序　幕

　　細雨霏霏，綿密雨絲灑落在屋頂瓦片上，啪嗒啪嗒的十分悅耳動聽；白霧似的溼氣穿過栽滿了蘭草、白芷等香草的院子，從窗隙門縫滲漏進房裡，薰得滿室芳馥的氣息。

　　這是多麼迷人的雨夜啊！可是孤單一人坐在几案前的屈原卻完全不聽、不看、不聞，因為他滿腦子都是楚國當前險惡的國家處境：

　　西方的強鄰──秦國──已經不再掩飾她吞併天下的野心，連年出兵侵略其他國家，奪取廣大的土地，順利將她的勢力伸入中原，如今僅剩下雄霸東方的齊國還維持著較完整的武力，尚可與秦國一拼。

　　最符合楚國利益的作法應該

是與齊國結盟，並聯合其他國家一同抵抗秦國的侵略，但楚國卻沒有這樣做。

她有時因畏懼秦國的威脅而與齊國結盟，有時又貪圖秦國的利誘轉而投靠秦國，立場搖擺不定，坐視時局轉變，逐漸陷自己於顧此失彼、俯仰由人的窘迫境地。

不該是這樣子、也不能繼續是這樣子啊。

屈原搜尋著記憶，努力要從朝廷眾多大臣裡找出幾個能洞悉秦國的不可信賴，能堅持改革以重振楚國聲勢的人，可是竟連一個也想不起來。

是他老了嗎？記憶力大不如前了嗎？

不！不！不！屈原搖頭否認，他今年也才不過四十歲，身體跟少年時期的自己一樣健壯。若他還是左徒，甚至被任命為令

尹＊，他能為國家做的事情不知會有多少！他有自信能匡正朝政，革新時弊，使國家強盛，外敵不敢輕侮，使人們安居樂業，豐衣足食不知憂慮。

可是事實就擺在眼前，他空有滿腹才學，卻已失去大王的寵信，如今只落得枯坐三閭大夫這個官位，負責督導王孫子弟的課業，閒暇時寫寫文章、發發牢騷的下場。

屈原鬱悶的嘆了口氣，勉強將心思拉回還在草稿階段的詩文上：

放大鏡

＊相較於其他中原國家，楚國的官僚制度是比較原始的，不但官名與其他國家完全不同，文武二職亦沒有完全分離，於是始終沒有設立宰相（文臣之長）與將軍（武將之首）這兩個官職。根據現有的文獻，楚國官僚體系中地位最高的是「令尹」，大約等於今天的行政院院長，「柱國」雖然是戰爭時的最高統帥，但他的地位仍在令尹之下。「莫敖」曾是楚國職等最高的官員，但後來被「令尹」所取代。至於屈原所曾擔任的「左徒」，亦屬地位相當高的官職，大約等於現在行政院內的部會首長。

帝高陽之苗裔兮，朕皇考曰伯庸。攝提貞于孟陬兮，惟庚寅吾以降※。

（我是古代帝王高陽氏的後裔，先父的字號是伯庸。太歲星運行到「寅」這個位置的那一年，我誕生在寅月的庚寅日。）

讀著讀著，屈原自得的笑了。他知道這將會是篇千古流傳的佳作，是無法一展長才的自己一抒胸中鬱結、並闡明自身心跡的章句；他的創作並不是為了搏得眾人的喝采或同情，而是為了替自己的生命經歷作個見證。

屈原推敲了幾個字詞，覺得不甚妥貼，決定削改刻在竹簡上的文字，但門外卻有一陣狂亂的腳步聲由遠而近傳來，讓他停住手上的動作。

放大鏡

※降　古時候唸ㄒㄨㄥ。

　　碰的一聲，木門被粗暴的推開，家臣一個踉蹌撲跌在地上，語帶哽咽的說道：「大人，大王方才遣人過來傳達他的命令，要您、要您三日之內，前往漢北！」

　　屈原一愣。漢北？是那個位在漢水北岸，距離都城十二萬分遙遠的漢北？

　　雨勢不知在何時轉劇了，大雨潑灑似的從洞開的門扉處打進屋內，淋得家臣渾身溼透，也潯溼了屈原一向修飾得雅致整潔的衣袂。

　　「大人，這不等於是放逐嗎？一去漢北那種荒僻之地，我們還有機會回到國都嗎？」家臣抽抽噎噎的為自己尊敬愛戴的主子抱屈：「大人的忠心耿耿，國裡沒有人不知道，可是大王卻把您的建言當作是廢話，反倒是對靳尚、上官大夫那種只會逢迎諂媚的小人言聽計從——」家臣的話

7

語句句出自肺腑，卻像刀劍般狠狠的砍向屈原，逼他正視自身的失敗、理想的失落。

「夠了。」屈原再也無法忍受，粗率的打斷對方：「這是大王的命令，我只有恭順的服從。你可以開始整理行李了。」

「是，小臣立刻就去收拾行囊……」家臣不敢多言，躬身退下。

屈原知道家臣之後還說了點什麼，但他已沒有傾聽的心情。他瞪視著還擺在案桌上的竹簡，簡上的一字一句彷彿燒紅的烙鐵般，灼痛了他的胸口：

豈余身之憚殃兮，恐皇輿之敗績！忽奔走以先後兮，及前王之踵武；荃不察余之中情兮，反信讒而齌怒。

（我並不擔心自身遭到災禍，只是害怕國家毀敗滅亡！我匆忙的奔走

在大王的前後左右，想輔助您追趕上先王的英明武勇，您卻不瞭解我的心情，反而聽信讒言，對我大發氣怒。）

　　他的所作所為都是本著對大王的一片忠心赤忱，所思所想都是為了楚國的長治久安，為什麼卻招來今日放逐漢北的下場？他反省自身經歷過的一切，所做過的決定，想知道究竟是哪個環節出了差錯。

　　於是過往四十年的光陰在他腦海倏忽而過，最後竟憶起遺留在丹陽的家人，以及那充滿光明與希望的少年時代。

1 蓄勢待發的少年時代

　　天方初曙，澄藍天空鑲滿了橙黃色的雲鱗，光燦燦的無比喜慶；朝陽在山巔露出臉，金色的光輝沿著山壁往下爬，竄入坐落於山腳的屈氏大宅，從微微開敞的窗扉溜進廂房，最後映照在小床裡正睡得安穩的嬰兒臉上。

　　「是個一臉聰慧模樣的小男孩呢。」屈母斜倚著床柱，輕柔的撫開垂落在嬰兒額上的黑髮，又幫他蓋妥小被單。「瞧瞧這鼻子、小嘴、雙眉，長大後一定挺斯文英俊的吧。」

　　屈父聞言，狐疑的審視嬰兒半晌，怎麼也無法從那張皺巴巴的小紅臉上，看出妻子口中的「聰慧」、「英俊」來。

　　「你這人真是嚴肅得過了頭。」屈母見他眉頭打成死結，一

副百思不得其解的神情，不禁笑出聲來。「也不想想自己都已經有個生得頂標緻的女兒了，接下來的兒子再醜也醜不到哪去啊。」

屈父被妻子取笑得發窘了，喉頭一聲輕咳，板起臉正色說道:「男孩子就算醜了點也沒關係，重要的是肚裡有沒有才學，知不知道言語進退的道理──」

「聽你這麼說我就更擔心了，真怕你養出一個呆板的死書呆來。」眼角瞥見夫婿臉色一沉，屈母語調兒連忙一轉，另起話題:「夫君想好要給這孩子取什麼樣的名字了嗎?」

屈父向來性情寬厚，不會跟人計較言語上的問題，聽了妻子的問話就將注意力轉回嬰兒身上。「額頭長得挺好的，應該會是個聰明的孩子……就這樣吧，將他命名為『平』，字『原』，希望他將來能成為一個忠誠、正

直、善良的人。」

「屈平、屈原……嗯，的確是個好名。不過，這孩子的生辰也太奇特，我擔心他日後會受到許多苦楚。」屈母低頭看向不知何時已經睡醒，正睜著一對烏黑大眼望著她的小小嬰孩，「我的期望不高，只要他能平安長大，我就心滿意足了。」

妻子的願望是如此卑微，讓屈父不由自主的憶起那日舉行祭典時，神靈透過巫女所下的預言：寅年寅月寅日*生，這孩子

放大鏡

*關於屈原的出生年代，後世學者根據屈原的自傳詩〈離騷〉中的詩句：攝提貞于孟陬兮，再配合戰國時代所使用的「歲星紀年法」，推測屈原大約誕生在西元前 340 年前後。

所謂的「歲星」，也就是現在的「木星」。「歲星紀年法」是古代天文曆法學家利用木星每十二年運行黃道一周的規律性，作為記錄年分的依據。歲星紀年的作法是將黃道畫為十二宮，每一宮都有名字，當木星運行到某一宮的位置時，那一年就以該宮位的名稱來命名，像是：歲在星紀、歲在大火。到了戰國時代，天文曆法學家又從中創了十二個太歲年名，像是：攝提格、大荒落、赤奮若，然後又將太歲年名對應到十二辰名，於是「攝提格」就對應到「寅」、「大荒落」對應到「辰」、「赤奮若」對應到「丑」。

注定是懷才不遇、天涯飄零的命運。

屈父渾身一顫，不敢多想，展開雙臂將妻子摟進懷裡。「放心吧，有列祖列宗的神靈在天上照看著，平兒還能出什麼岔子呢?」

他說這句話的目的不單是為了安撫妻子，更是為了自己。

※　　　　　　※　　　　　　※

世世代代居住在丹陽*的屈氏一族，是一個與楚國王室有親戚關係的古老氏族。他們曾經聲威顯赫，出過好幾任的莫敖，為楚國立下無數汗馬功勞。然而這些光榮在無情歲月的淘洗下，終

放大鏡

*丹陽　關於屈原的故鄉，目前最通行的說法是屈原出生在今日大陸湖北省秭歸縣，因為這裡可能就是楚國最早的發源地「丹陽」，秭歸縣內亦保存著許多屈原相關文物遺址，像是安葬屈原遺體的「屈原沱」。另有學者考證，以屈原的王族出身，他的出生地應是在楚國首都「郢」，也就是今日大陸湖北省江陵縣西北的紀南城。在這裡採用「丹陽」這個說法。

究要褪去所有光芒，到了屈原的父親這一代時，所剩下的也不過是足夠屈氏子子孫孫衣食所需的小小食邑，以及一屋子珍貴的文獻典籍。

雖然屈氏早已沒落，但深厚的家族根柢造就了屈父，使他不但擁有淵博的學識，對於作為一名貴族所該具備的騎馬、駕車、射箭等技能，他也非常熟練。雖然屈父生性淡泊，除了追求學問外沒有幾件談得上熱衷的事物，更不曾想過要離鄉遠遊成就什麼偉大的功業，但對於自己的獨生子，他可是不辭辛勞、不憚其煩的親自督導，就怕自己一個疏忽，平白糟蹋了兒子美好的資質。

屈原也沒讓父親失望。

他勤讀文獻史料，家裡數百年累積下來的典籍早被他啃得滾瓜爛熟，寫起文章來，也看得出

他的文思頗為曼妙；他很早就能掌握言語進退的藝術，無論是以學養著稱的者老或是天真爛漫的孩童，他都能應對自如。對於武藝，他雖然稱不上專精，但一般性的駕車、打獵也還難他不倒；雖然不會譜寫樂曲，但只要是聽過的音韻，他大抵不會忘記。

除了超凡的學識與才能，就如屈母所預見的，屈原的五官出色，皮膚白皙，四肢修長，舉手投足無不優雅如畫，所有見過他的人都會在心裡留下深刻的印象。

總之，即便此時的屈原還是年少，鄉人一提起他總要忍不住豎起拇指大聲稱讚，認為這樣一個才貌兼備的少年，日後絕對不是簡單的人物，他必定會有一番奇偉的作為。

屈原當然也知道人們對他的正面評價與高度期望，可是他並

不會為此沾沾自喜或開始變得驕傲自大。他甚至一聽見人們要拿自己做文章就趕緊快步跑開了，因為熟讀史書掌故的屈原太清楚那些自以為了不起的人，最後總是以敗亡收場。

於是在功課的空檔，他常常遠離眾人，跟姐姐手挽著手滿山遍野的亂走，採集了滿懷的芍藥、揭車與杜蘅，然後將它們栽種在園子裡，希望來年能開滿燦爛馥麗的香花。有時他會尋覓一處僻靜的角落，與姐姐肩並著肩躺在木蘭樹下，嗅著木蘭花清冽的芬芳，看陽光從樹葉間的縫隙灑落，閒聊著近來讀書的心得、對事理的重重疑惑、還有偶爾天外飛來的奇想。

「姐姐，妳可曾想過在宇宙形成之前，究竟是誰來記錄描述將要發生的一切？又是誰讓這個世界有光明與黑暗的分別？究竟

有多少星辰，又是誰將它們一一陳列在天上？太陽每天從湯谷升起，在蒙汜落下，總共走了多少距離？江水都往東方奔流注入大海，為何大海卻不會滿出來？諸神所居的神山——崑崙——究竟坐落在哪裡？」在屈原眼中，這個世界充滿了無窮盡的疑惑。

「阿弟，看不出你成天在書堆裡鑽來鑽去，腦袋居然還能空出點位置思索這些問題。」說到這裡，她輕輕一聲嘆息：「我也很想知道為什麼會有四季？為什麼百花在春天盛開，在秋天凋零？為什麼生命終有盡頭，即便傳說中的彭祖活到八百高壽，最後還是逃不了死亡的命運？」

姐姐的感嘆勾起屈原一個不願多想的記憶。沉默片刻，他悶悶的開了口：

「我聽父親說了，今年將是他最後一次主持祭典，從明年春

季大祭起，這祭神祈福的責任就要移交到姐姐身上。」他頓了頓，努力掃開瀰漫在語氣裡的低迷情緒。「所謂的『巫』，是凡人與神祇間的橋梁，他轉述上天的旨意讓人們得以服從，將人們的願望上呈予天神知曉。等姐姐正式繼承屈氏大巫之位，成為神靈在人間的代言人，大概就再也沒有空閒陪我這個愚蠢遲鈍的弟弟四處玩耍了。」

「你什麼時候愚蠢遲鈍啦？而且即便我穿上巫衣，終生服侍神明，也不表示我們就不再是姐弟啊。」她笑著支起上身，朝弟弟的鼻頭輕輕一捏。「今年秋季大祭時，我得上場主祭，讓神靈評斷我有沒有能力接替父親，你會過來看吧？」

「嗯，我會的。」即便滿心的不捨，屈原還是用力點頭答應，因為他明白「獻身神靈」是姐姐

唯一的願望。

※　　　　　　※　　　　　　※

秋風起，結實纍纍的稻穗隨風搖曳，遠遠望去好像一片黃金海；百果熟成，碩大的果實掛滿枝頭，沉甸甸的重量壓彎了枝椏。

這是個難得的豐年，曬得黝黑的鄉人們全都笑得合不攏嘴。他們手持鐮刀，彎腰割下最為飽滿的那一串稻穗，虔敬的放在蘭草上，作為秋祭時獻給諸神的祭品；婦女們挽起長袖，將剛剛摘下的桂花倒進酒裡醃漬，準備釀成桂酒用以奠祭諸神。

如此忙亂了好些個日子，祭神的良辰吉日終於到來。

夜晚降臨之前，鄉人們已在神社前的廣場上搭起高高的祭壇；祭壇上鋪墊著以瑤玉作裝飾的席子，周遭插滿成串成把的香花。祭肉裹在蕙草裡蒸熟了，並

以新鮮的蘭草作為盤子，杯盞盛滿桂酒羅列在前，那桂花的香氣濃得化不開。

祭壇下，巫子們敲打著鼓，彈奏著瑟，莊重的演唱迎神的樂曲；巫女們長髮披垂，錦衣飄逸，踩踏著娛神的舞步。

火把熊熊燃燒，映得天邊一片火紅；星辰灑落在夜幕上，點綴成一條浩瀚銀河。夜仍漫長，但鄉人們肅穆的佇守在祭壇下，引頸期盼楚國地位最崇高的神祇——太一神——的降臨。

良久，當第一道曙光在東方天空亮起，第一縷晨風吹進丹陽時，太一神堂皇的登坐在祭壇高位上。一時間，鐘鼓俱鳴，樂聲更加盛大喧譁，彩袖齊揚，舞蹈越發熱烈狂放。

尊貴的太一神啊，期盼您喜愛眼前所享用的一切。

這是在場所有人心中唯一的

願望。

屈原也跟隨著父母跪坐在祭壇下方的席位上，恭迎太一神的到來。那浮動在晨風中的馥郁香氣薰得他有些迷醉，悠揚的樂聲分去他不少注意力，狂亂的巫舞更令他恍惚失神，幾乎要忘了自己身在何處。

可是他的雙眼一瞬也不曾移開姐姐身上。看她遵循禮制一步步完成主祭者的職責，見那秋祭在她的指揮下，進行得幾乎完美無瑕；溫煦的陽光只照耀在她一人身上，彷彿是太一神正讚許著她的調度允當。

姐姐的夢想實現了，她會是太一神最最鍾愛的代言人。

屈原為此感到欣喜，一直存在腦海深處的一個模模糊糊的念頭，也因這層領悟凝結成具體的想望。

他的夢想是什麼？有什麼是

他願意付出全部心力，即便因此喪命也絕不後悔？

這問題在他心底不住迴盪，逐漸匯流成無法違逆、無法逃避的江河巨浪。

於是在秋祭結束後，他離開人群躲進書房，翻閱自己過去寫成的文章，重讀那一字一句針對國計民生的策略，以及一些他所聽過或見過的有關官吏橫暴貪婪、貴族驕奢無度，壓迫得百姓痛苦不安的紀錄。

屈原深深明白自己是幸運生長在一個貴族門第，才能免於遭受官吏與權貴的欺凌，但地方上的其他百姓可沒這麼好的待遇，甚至謠傳有些地方的人民因不堪惡吏壓榨，憤而揭竿起義，只是迅速被軍隊鎮壓下去。

他要嘗試扭轉這個現象嗎？倘若他決定站出來匡正這些不公理、不正義的事情，他勢必不能

一輩子守在丹陽這個鄉下。他必須前往都城，謀求個一官半職，然後腳踏實地的奮鬥，一步步實現理想。

可是他的父母都已上了年紀，或許他們會希望自己唯一的兒子留在身邊，承歡膝下。倘若他們染上病痛，他卻不在家鄉，屆時有誰能陪伴他們捱過病魔的折磨？

這層憂慮令屈原的思緒煩亂，無意間瞥見了院子裡的橘樹。

在屈原小時候，有商人路過丹陽，滿載的貨物裡雜著幾株橘樹。屈父喜歡這種長年青翠的果樹，就跟商人買了一株，栽種在院子裡。

屈原也喜愛橘樹，不只因為它的葉子常綠不凋，枝頭結實纍纍，更因為它是一種離開江南就再也長不好的果樹。它是如此熱

愛著這片大地，與之共存共榮；它的枝葉茂密，樹幹筆直挺立，以這樣的綽約風姿歌詠孕育它的風土。

而他呢？他自己也是楚國人吶，難道他對家國的熱愛比不上一株橘樹？

望著那一樹蒼翠，屈原猛的憶起自己小時候曾經立誓要效法橘樹的固守楚地，堅貞不移，要保持美好的德行，無論環境如何的摧逼。他必須為自己的國家著想，不管路途有多艱難崎嶇，他總要去做點什麼、改變點什麼、成就點什麼！

胸膛裡彷彿有一團火焰在燃燒，鼓舞他立刻採取行動；心臟的搏動彷彿敲擊在耳鼓上，催促他趕緊起程出發。

對，就是這樣！就是這樣！

屈原振奮起精神，大踏步走出廂房，決定把自己的想法稟告

給父母親知道，求取他們的贊同與支持。

然後，在他滿二十歲那一年，屈父鄭重的替他梳髮戴冠＊，正式宣告他已經成年，接著準備一筆資金，再派遣幾個家臣跟隨，讓他風光的離開家門，踏上征途。

郢都，我來了！

緩坡上，屈原操控著跨下健馬，目光直指楚國都城所在的方向。他的志氣正當昂揚，他的腳步蓄勢待發，他的夢想就在不遠的前方。他一聲輕喝，韁繩一抖，駿馬應命灑開四蹄衝下坡道，躍上通往都城的蜿蜒道路。

薰風迎面吹來，群鳥齊鳴相和，陽光像金子般鋪洩路途上，

放大鏡

＊梳髮戴冠　古時候男子未成年時束髮但不戴帽，等到年滿二十歲成年時，才由長輩為他梳髮，戴上新帽。而此一象徵男子已經成年的儀式，稱為「冠禮」。

彷彿昭告著他的未來，一片坦蕩。

※　　　　　　　※　　　　　　　※

楚國的首都「郢」坐落在江漢平原上，自楚文王建城至今，已經有四百年的歷史，而歷代楚王所居的巍峨王城，就坐鎮在郢都的北側。

作為一國的政治、經濟與文化中心，郢都內到處可見宗室親貴、高級官員的宏偉府第，街道上滿是商賈、學子、策士、百姓，他們摩肩擦踵，鎮日川流不息，市場上充斥著各色異國物產，更是令人目不暇給。

從鄉下來到首都的屈原，一點也沒被郢都的無邊風華迷惑了心眼。一心想著要為國做事的他在稍作安頓後，即遵照父親的囑咐，前往拜會目前在楚王熊槐*宮廷裡任職的屈姓高官，希望能透過他的引薦，好讓自己在宮廷

中謀個職位。

在這個時代，國君與人民間的距離還不是很遙遠，再加上各國相互兼併，戰爭日益激烈，為了持續占有優勢，所有的國君都在網羅人才，而卿士為求一展抱負，周遊列國尋求重用的現象更是普遍，因此屈原很輕易的就獲得晉見楚王的機會。

屈原至死都會記得那一天，就在宮廷的偏殿上，他初次見到楚國的王。

放大鏡

＊**熊槐** 即史籍中的楚懷王，在位時間約有三十年（西元前 328 年至前 299 年），是楚國國勢由盛轉衰的關鍵。由於他最後被秦王扣押，病死在秦國，楚國人民萬分懷念這個帝王，所以給他「懷」這個諡號。

所謂諡號，是古代讀書人發展出的一種評價人物的方法。在古代，帝王、大臣等具有崇高地位的人去世後，人們會根據他生前的功績、品德修養而給予一個評價，而後世人們在稱呼這些帝王、大臣時，也習慣稱呼他的諡號，例如晉文公、秦穆公、齊湣王等。不過諡號雖可概括描述一個人的成就或言行，卻不表示這個評價是完全正確的，特別是到了唐朝以後，諡號成了滿足在上位者之虛榮心的工具，完全喪失原本褒貶人物的意義。

在本文中，所有帝王都是直接以他的名字來稱呼，而不稱諡號。

　　那時，他站在偏殿外面的長廊上，被毒辣的日頭曬得一身是汗，卻遲遲等不到內侍的一聲傳喚。他乾瞪著廊外綠樹無事可做，不禁思量起跟殿裡那位待會要晉見的人有關的事情來。

　　熊槐，這位繼承王位至今不過五年的楚國第一人究竟是個什麼樣的人物？他是風度翩翩、一派江南文士風範，還是虎背熊腰、顧盼自雄的豪邁大漢？他對當今國際局勢的看法如何？他有問鼎中原、稱霸天下的雄心壯志嗎？對於楚國境內貧富尖銳對立，社會動盪不安的現象，他又抱持著什麼樣的想法與立場？

　　越去思量，問題就越多，更何況每個問題的答案都深深影響自己是否能在熊槐的宮廷中任職，於是屈原的心緒也不由得一片紛亂，難以平靜。

　　夠了！別再胡思亂想，一切

都等見過大王後再去評斷吧。

屈原即時截斷了自己走岔的思維，以幾個深呼吸控制住情緒，並在心底覆誦著待會可能會用上的應對言語，不允許這重要至極的會面有一絲一毫的差錯。

彷彿等待了一輩子的光陰，終於有內侍帶領他進到偏殿裡。

「你就是屈原？」

「正是。」端坐在席位上的屈原抬起頭看向君王，不禁一愣。

作夢也沒想到，楚國的王居然是一名年齡看起來沒比自己大上幾歲的青年。熊槐的五官端整，嘴角揚著一抹親切和善的淺笑，看似溫柔慈和的眼瞳裡隱隱閃動著凌屬的威勢。

不愧是在今年年初時當機立斷，以迅雷不及掩耳的速度戰勝魏國，一舉奪得八座城池的少年英雄！

屈原心裡一聲喝采，當下對

在熊槐的朝廷裡服務一事，萌生了更多的企圖心。

「屈伯庸以學問淵博聞名丹陽，對他唯一的兒子，想必也是下足了功夫。」熊槐的口吻雖然粗率，但真正教屈原驚訝的是他居然知道自己父親的事情。明明父親從來沒有離開過丹陽這個小地方，又哪來的聲名讓楚王聽聞呢。

不等屈原應聲，熊槐自顧自的繼續說道：「雖然你也算是王室宗親，但本王總不能任用一個除了書本之外一無所知的人吧。」

知道熊槐是在出題考他，屈原瀟灑一笑，態度從容的答道：「東方的齊國在任用鄒忌進行改革後，國力增強，成為中原公認最強的國家。被魏國阻於西方的秦國則在商鞅變法後國力大盛，連番擊敗魏軍，並派出策士張儀施展恐嚇與利誘等手段，逼迫魏

國向秦獻出上郡十五個縣以及河西重鎮，使秦國從此控制黃河天險，得以東進中原。

「本國雖然地處偏南，卻擁有遠大於其他國家的疆域、豐富的礦產，以及肥沃的土地。以此優異的先天條件，加上前代宣王與威王四十餘年的努力，如今正邁入國勢最為強盛的時期。

「夾在齊、秦、楚三大強國之間的其他中原國家為求生存，非常講究爭取盟國的策略*，有時幾個小國聯合起來對付一個大國，有時依附一個強國去攻打其

放大鏡

*在戰國時代，由於各國相互兼併的情形相當激烈，因此在戰爭與外交上產生了「合縱」與「連橫」兩種活動，並且因秦國與楚國為當時最強大的兩個國家，於是有「倘若連橫成功，則秦國統一天下，反之，若是合縱成功，就是楚國稱霸」的說法。

所謂的「合縱」，是指幾個小國聯合起來抵抗一個大國，以避免被大國兼併，主要的倡導者是魏國宰相公孫衍，以及齊國宰相孟嘗君；所謂的「連橫」，就是大國拉攏幾個小國去攻擊另外一些小國，以達到兼併土地的目的，主要的倡導者是秦國宰相張儀。遊走各國為合縱或連橫穿針引線的，即是所謂的「縱橫家」。

他小國，我國倘若能善用這樣的情勢，少則雄據江南，多則稱霸天下。」

屈原的一番侃侃而談，令熊槐聽得連連點頭，「看不出你久居鄉野，對各國局勢倒是清楚。」

但屈原無視君王的讚美，繼續說道:「然而我國有個隱憂，使得稱霸天下成為不可能之事。」

熊槐眉尾一挑，登時被勾起了興趣。「怎麼說?」

屈原心知接下來要說的話不會太中聽，但一名君主若連幾句逆耳忠言都聽不進去，哪還能成就什麼大事，自己又何必費盡心力去輔佐。所以他就直說了。

「在七十年前，衛國人吳起＊就已經指出，我國的憂患在於『支應給臣子的俸祿遠高於他們在國事上的貢獻，享有封地食邑卻毫無建樹的權貴子弟太多』。七十年後的今天，這憂患

不但沒解除，尚且有變本加厲的趨勢。

「在朝廷裡，他們為了自己的利益，排擠賢能的人，在地方上，他們對百姓課徵繁重的賦稅，使人民對大王多所誤解，於是產生怨恨。這樣的情形若是持續下去，將導致大王身邊沒有良臣輔佐，人民亦背棄朝廷。」

一股腦兒陳述完自己的想

放大鏡

＊吳起　戰國時代衛國人，他大約在西元前 390 年時來到楚國，被楚悼王任命為令尹，主持變法。吳起變法的重點在於「損有餘、補不足」，也就是針對楚國「大臣太重，封君太眾」的現象提出改革，不允許封君的爵祿無限制的傳給子孫，淘汰無能的官吏，精簡無用的官職，用這些儉省下來的金錢來培養人才，並且整頓楚國官場以私害公的歪風。他還根據楚國地廣人稀的特點，將貴族遷移到人煙稀少的地方，一方面可以開墾荒地，另一方面可收到打擊舊勢力的效果。

吳起的變法雖然讓楚國迅速強盛了起來，但也招來許多貴族、大臣的反對。當楚悼王去世，吳起前往致哀時，遭到許多貴族的攻擊，吳起趁亂逃到靈堂，伏在楚王的屍體上躲避追兵，使得箭矢一支支射進了王屍。根據楚國法律，在楚王屍體旁動刀劍的人，將被處以滅族之刑，於是有七十幾家貴族因射箭污辱了楚王屍體而被滅族，隨後吳起也被車裂支解而死。吳起死後，他所頒行的法令也都廢除，變法宣告失敗。

法，屈原忐忑不安的等待熊槐的回應。

他是胸中自有主張、卻又能採納他人建言的天生王者，還是剛愎自用、聽不得任何相左意見的昏庸君主呢？萬一他不是個可以輔佐效命的人，自己的理想又該何去何從？

正當屈原心情起伏不定的時候，熊槐突然朗聲大笑。

「看來寡人是幸運得到一名忠心誠懇的臣子了呢。」他一臉喜悅的離開席位走到屈原身前，傾身拉住屈原的雙手，「從今天起，你就留在寡人身邊吧。」

君王的禮遇教屈原受寵若驚，趕忙站起躬身回禮。「微臣遵旨。」想再多說幾句感謝的話，但腦子裡卻突然一片空白，急得他不知該如何是好。

熊槐眼見他這副慌張的模樣，笑得更是開懷。「恭維的話

就不用多說，寡人已經聽到耳朵長出繭來了。」他頓了頓，語氣轉為鄭重而嚴肅：「寡人留你是因為你的識見、你的直言無諱，希望日後你能一直秉持這樣的作風，時時刻刻提醒寡人做的不好、有待改進的部分。」

天佑荊楚，熊槐竟是個能自我警惕、禮賢下士的君王！看來楚國大治之期，應該是指日可待了。

君王的警醒與倚重令屈原萬分感動，於是雙手抱拳，深深的一揖到地，「臣遵旨，臣定不辜負大王所託。」

就這樣的，屈原進入了楚國宮廷，開始主宰他一生悲喜的政治活動。

危機四伏的左徒生涯

　　時光流轉，眨眼間五年的歲月過去，屈原以他淵博的學識、出色的文采、適切的應對、不打折扣的忠耿，成為楚王熊槐非常賞識與信賴的臣子，一手負責處理外交事務以及整頓楚國內政。

　　為了報答君王對自己的看重，在外交方面，屈原不遺餘力的周旋在各國使節間，希望透過自己的努力，讓楚國成為國際間最牽一髮動全身的角色，使所有國家在計畫任何盟約時，都不敢忽視楚國的立場。對於內政，屈原更是卯足全力，糾舉仗勢欺人的權貴子弟，撤換貪贓枉法的官員，提拔精明幹練的廉吏，培養賢能恤民的人才。

　　屈原本就是個很有才幹的人，現再加上一股非把事情做到

完美不可的企圖心，在短短的幾年之內就讓楚國朝政上了軌道，官吏都能謹守法紀，不徇私舞弊，權貴也收斂了行事，不再胡作非為。

熊槐滿意屈原的表現，一再提高他的官職，最後屈原竟以二十六歲的年少之姿，出任「左徒」——楚國官僚體系中地位僅次於君王與令尹的位置。

屈原的少年得志引人側目。一些努力了大半輩子、卻無法抵達仕途頂點的官員，表面上跟屈原談笑風生、互為知己，暗地裡嫉妒屈原的官運亨通、君王倚重；而更多忌憚屈原的鐵面無私、毫不通融的貴冑勛臣，白天擺出一副奉公守法、安分守己的架式，夜裡可湊成了一堆，瞪大眼睛、端起精神研究屈原的一言一行，想要找出他任何細微的缺失。

「從不知道有人做事竟然能這樣俐落仔細、面面俱到，不給任何人說他做得不好的機會呢。」前朝遺老、以軍功封君的析君一聲感嘆，放下屈原最近頒行全國的法令。雖然自己跟屈原的立場是敵對的，卻也不能不佩服對方的本事。

「析君怎能長屈原志氣、滅自己威風呢。」跟秦國關係良好的上官大夫盯著法令繼續研究許久，仍找不出絲毫疏漏，終於咬牙切齒的大聲說道：「既然屈原死不犯錯，那就由老夫來讓他犯錯吧。」

年前獻了美人給楚王、如今正得熊槐寵幸的靳尚聽了上官大夫的話，眼珠滴溜一轉，拍掌笑道：「讓他犯錯嗎？那我倒有個現成的好方法。」

析君似乎也想到了什麼，笑得十二萬分神秘。

　　※　　　　　　　※　　　　　　　　※

　　夜幕低垂，彎彎弦月高掛在東方，楚王的宮殿裡無比熱鬧喧譁。大殿上，明燭璀璨，蘭脂飄香，珍饈美酒擺滿桌案，弦歌曼舞不曾停歇，士人女子交錯而坐，盡情享受晚宴的歡樂繁華。

　　屈原也參加了晚宴。他本來就不好飲酒，只是為了跟官員應酬，今晚不得不多喝了幾杯，以致現在整個人頭昏眼花、冷汗涔涔，僅靠著背後有梁柱支撐才沒丟臉的癱到地板上。身體的不適令他很想早點回家休息，偏偏這是楚王擺下的盛宴，官員不能在君王離席前先行告退，使得屈原只有強忍著一身的不舒服，待在席位上。

　　時間拖著腳步緩緩爬行，酒宴的喧鬧聲響更是往上追加了好幾個等級。屈原的額頭已從一開始的悶痛惡化成劇痛，再加上一

連數日為了幾椿政事弄得夜不安枕，導致他的注意力已經不太能集中，思考能力也接近停頓狀態。

「屈大人，沒想到您躲在這兒啊。」一聲柔媚甜美的嗓音突兀的響起。屈原疑惑的抬起頭，一看來人竟是楚王的寵姬鄭袖夫人，趕忙要起身見禮，然而虛軟的四肢不聽他使喚，一時間狼狽無比。

「屈大人別多禮了，今晚大王擺宴，說是君臣同樂，您又何必拘泥在禮節上呢。」鄭袖一句話幫屈原解了危，雙手俐落的幫屈原與自己斟滿了酒，一顰一笑都是風情萬種。「常聽大王誇讚屈大人右手擘畫國事，左手應對諸侯，才能出類拔萃，朝中無人能比。我從來不信大王所言，今日藉晚宴的機會見了大人一面，才知道這些讚許原來都是真的。」

說罷，她舉起酒爵：「屈大人，請。」

屈原一方面是因為在毫無心理準備的情況下，得知君王對自己的評價，心裡大受感動，另方面是因為精神體力都在最糟糕的狀態，一時間會意不過來，遲遲沒有動作。

鄭袖見狀，不禁幽怨的蹙起眉。「屈大人是嫌棄我曾經是歌女，不願接受我的敬酒嗎？」她的語氣雖輕軟，指責的意味卻是明顯。

「不，下官豈敢、豈敢。」屈原慌忙將酒爵捧起一飲而盡，差點嗆著了自己。

就在這個時候，大殿的火燭一瞬間全數熄滅，黑暗當頭罩下，人人脫口驚呼。

「諸位大人莫慌，方才風稍大了點，吹熄了火燭，下官已經命人取火來點……」負責籌辦飲

宴的官員還沒把話說完，就有燭火重新燃起。大殿不多時就明亮一片，與會眾人也重新投到享樂裡。

「唉呀，大王送給夫人的耳環怎麼不見了？」

隨著那聲驚呼，鄭袖急忙摸向耳垂——耳垂下果然空空如也，她心裡一急，高聲命令：「來人啊，殿上有賊！」

大殿頓時陷入一陣慌亂，衛士開始盤查竊案，其他所有人都在問到底是誰那麼大膽，竟敢在楚王的宮廷裡做出這等斯文掃地的事情。

「找到了，耳環在這——」歡欣鼓舞的嗓音突然一挫，躊躇起來，「屈大人……您……」

這怎麼可能！所有人的目光都集中到了屈原身上，而他的衣襬下緣竟然就正好鉤著一只耳環。

「沒想到真是屈大人拿的……」說這話的人雖然沒直接用「偷」字來形容，但聽到的人都清楚那是什麼意思。

「鄭袖夫人風韻天成，也難怪屈大人會心動了。」另幾個人三言兩語，指控屈原更嚴重的罪名：覬覦楚王寵妃。

被栽贓了。屈原立刻領悟這回的耳環失竊記是有人在陷害自己，可是看眼前完全倒向一面的情勢，又怎容得了他有絲毫辯解的機會。

「屈原，算我看錯了你！」鄭袖氣得柳眉倒豎，鄙夷的瞪了屈原一眼後，直接找熊槐告狀去，連耳環也不撿了。

熊槐耐著性子聽完寵妃一把鼻涕、一把眼淚的哭訴後，只抬眼問了屈原一句:「耳環真的是你拿的？」

屈原搖搖頭:「微臣怎會做出

這種事呢。」

「那就不是你拿的了。」熊槐也不多說，轉頭命令廷衛：「去查查看究竟是誰這般好興致，拿寡人的好臣子做宴會的餘興節目。」

「大王！」鄭袖一聲嬌嗲軟語，柔若無骨的偎進了熊槐懷裡。「您的妃子被人欺侮了，您怎麼可以這般輕易的放過犯人。」說著，她有意無意的瞟了屈原一眼。

熊槐當然明瞭她的暗示，卻只是哈哈大笑：「屈原不會做出這種輕佻的事情，愛妃妳這樣纏著他不放，會讓寡人誤會其實是妳對人家有意思。」

鄭袖向來伶俐，立刻明白君王的輕描淡寫根本是另有所指，只得直起腰來斟了二杯酒。「鄭袖遺失耳環，心慌之下冤枉了屈大人，希望屈大人不要見怪，且以這杯薄酒，當作是鄭袖給大人

賠禮吧。」

屈原也是大量，瀟灑的飲盡鄭袖的賠罪酒。「當然不會見怪，一切也不過是個小誤會而已。」

「愛妃與賢臣和好如初，讓寡人非常欣慰。」熊槐見糾紛平息，朗笑著搶過鄭袖的酒爵，一口喝得乾淨。「屈原，寡人接受你的辭行，你可以先回家休息了。」

屈原一驚抬頭，正好看見熊槐跟他擠眉弄眼。

「寡人的賢臣要好好保重身體，才能為楚國多效命些時日啊。」

屈原這才知道君王早已察覺自己的不適，頓時心底一陣激盪，不由得低下頭掩飾眼角熱意，於是沒有發現鄭袖與靳尚兩人一旁交換的眼神。

※　　　　　※　　　　　※

　　自從察覺有人在暗地裡整自己冤枉後，屈原做事更加小心防範，不給任何人可趁之機。如此過了半年，大致上風平浪靜。

　　西元前 318 年，由於秦國對各國的威脅越來越大，魏、趙、韓、燕、楚、齊等六國終於在魏國宰相公孫衍的策劃下，結成同盟（即為「合縱」），一齊討伐秦國，並且因楚國在六國之中，國力最為強大，於是推派楚王熊槐為聯軍領袖。

　　可惜的是，六國聯軍的聲勢雖然盛極一時，但真正出兵與秦國作戰的卻只有飽受秦國侵略之苦的韓、趙、魏三個國家，其他三國則將軍隊駐紮在邊境，一副隔岸觀火的態勢。在函谷關進行決戰後，魏軍由於受創嚴重，急著跟秦國講和，其餘五國見狀也紛紛退兵，六國伐秦宣告失敗。

　　秦國在順利逼退六國聯軍

後，開始另一波兼併土地的行動。秦王嬴駟＊採用司馬錯的主張，揮軍西南，連續攻滅了蜀國、巴國，不但取得四川的豐富資源，更可直接由此順長江而下，進攻楚國。

楚王熊槐亦體認到形勢已經轉變到對自己不利的方向，即便秦、楚兩國互為姻親，數百年來關係一直深厚，但面對有建立霸業之企圖的秦王，他也只有毅然決然的放棄傳統上的親秦政策，派左徒屈原出使齊國，討論結盟的可能性。

而屈原亦不負所望，漂亮打了場外交戰，獲得齊楚合盟的承諾，凱旋歸來。

放大鏡

＊嬴駟　即史籍中的秦惠王，他在位的二十七年（西元前 337 年至前 311 年）間，由於重用縱橫家張儀，透過一連串成功的連橫活動，達到「拔三川之地，西併巴蜀，北收上郡，南取漢中」的結果，不但大大擴展了秦國疆域，更重重挫敗了韓、趙、魏、楚等國家，為秦國日後的統一大業奠定了良好的基礎。

擺手遣退前來報訊的隨從，上官大夫氣憤不已的在大廳裡踱來踱去。「屈原果然好運氣，竟讓他說動了齊王，讓齊楚合盟成為定局。」

析君正在跟靳尚下棋，他聽到上官大夫這般抱怨，隨口回道：「老夫早跟你說過，以屈原的才能，你想藉著拱他出使齊國，讓他因談不攏結盟條件而丟臉出醜，十成十是要期望落空的。」

上官大夫一聲冷哼，「聽析君您這麼說，似乎心裡已有什麼錦囊妙計？」

「其實不算妙計，只是一點分析。」析君好整以暇的說明：「你也不妨想想，屈原能有今天的地位，還不都是仗著背後有大王給他撐腰，所以我們只要……」他噤聲不語，右手一揮，做出砍倒東西的姿勢。

一旁的靳尚又補了句：「純白

布匹上的髒污總是特別明顯，潔身自好的人一旦有了過失，將會遭受比一般人更嚴厲的抨擊，而屈原這人不就正以『潔身自好』、『忠耿正直』而備受大王肯定嘛。依照在下對大王及屈原的瞭解，要破壞他們彼此間的信任，只需……」他做個手勢，要他們將耳朵湊過來。

半晌，上官大夫與靳君聽完靳尚的計畫，不禁脫口勝讚：

「好計、果然好計！」

※　　　　　　　※　　　　　　　※

一日，屈原手捧新擬好的法令草稿，穿過宮廷的長廊，打算去找幾個意氣比較相投的同事，一起討論這法令是否訂得夠周延，一旦頒行全國，百姓都能夠遵行，權貴封君也都不會有異議。

「屈大人，聽說大王派給你的新差使是修正稅法。」在一個走

廊轉角處，上官大夫叫住了行色匆匆的屈原。

屈原看清來人，心裡頓時警鐘大作。主張親秦的上官大夫與主張親齊的自己，從來就是相看兩厭的狀況，今天他主動來跟自己攀談，背後一定有詐。

上官大夫當然不知屈原心中的想法，他熱絡的走在屈原身邊，笑得很諂媚。「屈大人，下官實在好奇這稅法修訂的趨勢……」他沒把話說完，只是伸出手指搓一搓，斜眼暗示對方。

屈原腦袋一轉，大概就明白他的意思。這上官大夫跟析君交情可好的，定是為了析君才拉下顏面跑來跟他探消息。不過析君的猜測也的確沒錯，這次稅法改制的確有一部分是衝著他來的，誰教他分明已經富可敵國，還逃避應該繳納給朝廷的地稅。

想到這裡，屈原就把法令草

稿抱得更緊了。「上官大夫，下官手上有的也不過是針對此次稅法修訂的個人意見，還需要與其他同僚多方討論才能定案。」

上官大夫聽了屈原的話，笑臉更是甜得滴蜜，刻意拉長的語調彷彿另有所指：「只要是朝中待得久一點的人，誰不知道屈大人的意見主導一切，您的草稿其實就是定稿。」

「就算是下官主導——」屈原話還沒說完，上官大夫突然抓住他懷裡的草稿，使勁要搶！

不好！一旦被你走漏風聲，哪還能逮得到析君。屈原心裡大急，用力將草稿抽回；上官大夫比不上屈原的力氣大，雙手竟然一鬆，一屁股摔在泥地裡。

「屈原你太過分了！東西不給就不給，幹嘛動粗！」顏面盡失的上官大夫掙扎爬起，狼狽的拍掉泥濘，邊離開邊放話：「你給我

記住，我會給你好看的。」

屈原搖搖頭，沒理會對方的威脅，逕自往另個方向離開，並在心底的留意暗箭名單裡，填上上官大夫的名字。

只是他作夢也沒有想到，此刻的上官大夫正跪伏在庭園中假山後的某人面前，委屈萬分的哭訴道：

「大王，您也親耳聽見屈原背著您時是多麼囂張的態度吧。屈原老在眾多大臣面前，炫耀大王把多少大事交代給他辦理，更常傲慢的說『這些事換了別人來做，絕對不可能做好』，如今更是自以為主導一切政令，可以左右朝政走向，完全不把大王您放在眼裡……」

而這，便是屈原一生際遇急轉直下的開始。

※　　　　　　　※　　　　　　　※

屈原接到密報，得知析君出

口到秦國的貨物中，有三十大車的絲綢底下暗藏著生鐵，隨車押運貨物的工人中，竟還有一人曾在越國學習鍛鐵成鋼的技術。

生鐵是極重要的兵器原料，析君在秦楚兩國對立日漸嚴重的現在，將生鐵走私給敵方，並且附贈一名冶鐵師的舉動，根本就等同於「叛國」。

「好個析君，你是嫌秦國的軍力還不夠強大嗎？」屈原當機立斷，指派自己的心腹家臣趕往關口，攔截析君的貨物。

此刻已近夜晚時分，昏暗的光線遮蔽了所有視線，蕭瑟秋風刮得滿地落葉亂走，細碎飛沙迎面撲來使人呼吸不暢；如此異象，彷彿預示著什麼變故似的。

同天稍晚，王城偏殿。

熊槐身上僅披著件外衣，似乎是剛從床榻上起身。

「析君啊，這麼晚了還來找

寡人，是有緊急事務嗎？」析君是前代楚王相當倚重的軍事將領，這些年來雖然因年事已高不再征戰沙場，熊槐依舊對其尊敬有加。

「大王，微臣明白自己不應該在這時候打擾大王，可是、可是那屈原實在是欺人太甚！」析君一聲怒吼，重重一拳搥斷了欄杆上的柱子。「微臣與屈原素來不合，本想互不往來、保持距離便是，沒想到屈原那小子居然強安了個『叛國』的罪名在微臣頭上！」

熊槐一皺眉，追問詳情：「屈原怎麼會指控你叛國？」

「他說微臣走私生鐵給秦國，但明明微臣就只是賣了三十車絲綢啊！」析君激動得一口氣上不來，拼命咳嗽。「大王，微臣年輕時一心為國，戰場上左突右入殺敵無數，老來想說靠著買賣

賺點家產怡情兼養性，怎料居然被屈原污衊是通敵⋯⋯大王，這種委屈微臣說什麼都嚥不下去啊。」

視如父執的析君在自己面前哭得涕淚縱橫，教熊槐當場慌了手腳。

「析君你莫傷心、莫委屈，這中間一定有誤會，寡人立刻叫屈原來問清楚。」

屈原一入偏殿，看見析君也在場，立刻問道：「大王，您命微臣前來，不知是不是為了析君貨物被扣押一事？」

熊槐一聽，眉頭皺得更緊了。「你為什麼要扣押析君的貨物？不過就三十車絲綢而已嗎？」

「大王您有所不知。」屈原瞥了析君一眼後，語調鏗鏘的說道：「微臣方才接獲密報，指稱析君出口到秦國的絲織品中夾帶了千斤以上的生鐵，隨車押貨的其

中一名工人還是來自越國的冶鐵師，微臣不能讓秦國得到生鐵與冶鐵師，所以就扣押了析君的貨物。」

「你、你這是含血噴人！」析君聞言，氣得渾身發抖。「老夫一輩子對楚國忠心耿耿，怎可能私通秦國，還賣鐵、賣冶鐵師給他們！」

熊槐也沉下表情，語氣非常不悅。「屈原，你這指控可有證據？」

「若沒證據，微臣怎敢扣押析君貨物？大王，微臣已命人將貨物車馬全數送到殿外，懇請大王、析君一同前去檢閱。」

黑暗中，宮殿外的廣場上，屈原命家臣舉高了火把，察看析君被扣押的車馬。

奇怪，若說是載送生鐵，怎麼會選用這種光看外表就覺得體質不佳、耐力不強的拉車馬？生

鐵體積不大，重量可是頂沉的，怎麼一路走來，車輪卻壓得不深？

他又敲敲車身，聽那鬆散空洞的回音，怎麼都不像是裝滿生鐵的樣子。

疑團越來越大，於是屈原一聲命令：「把篷蓋給我掀了，貨物通通搬出來。」

啪啪幾聲悶響，貨物通通攤開在地上。屈原一路看過去，哪有什麼生鐵，全都是楚國大量生產的絹、綈、紗、羅等絲織品——十分常見的出口品項。

至於押貨的工人，根據家臣問出來的口供，似乎也沒有什麼引人疑竇之處。

這到底是怎麼一回事？屈原心中頓時浮現不好的預感。難道是……

「屈原，你說老夫走私生鐵、冶鐵師予秦國，請問這生鐵

在哪？冶鐵師又在哪？」佔了上風的析君獰笑著問屈原:「你指控老夫叛國，毀壞老夫名譽，如今卻拿不出半點證據，請問現在要怎麼辦？你自己說吧。」

熊槐更是板起了臉，近乎斥責般的語調:「屈原，寡人知道你的能力，也從來都放手讓你自己處理事情，可是這次你真的太莽撞了，竟然犯下這等錯誤。」

君王的責備銳利如鞭，抽得屈原心底一陣刺痛。他已經察覺自己的一時大意，竟就中了析君的奸計，可是這種啞巴虧就算再難以下嚥，他也非得咬牙吞下不可。

於是只得重重一揖，「屈原莽撞，誤信謠言，扣押析君您的貨物，甚為抱歉。為了彌補此次扣押所造成的時間損失，屈原會立刻派快馬將您的貨品趕送到目的地，另外於明日備妥酒宴，請

您過府一敘，聊表歉意。」

析君是隻成精的老狐狸，自然不會窮追猛打，只是淡淡幾句諷刺：「年輕人做事難免毛躁，結果反而壞事，還是多學著點吧！」

屈原忍住屈辱，從牙縫擠出應對之詞：「析君您說得極是，下官受教了。」

兩人一來一往，表面上握手言和，氣氛尚佳。一旁的楚王熊槐則雙手負在背後，一臉若有所思的模樣。

※　　　　※　　　　※

從第二天起，熊槐就疏遠了屈原，擱置屈原頒布過的法令，而屈原主政時期，楚國一度呈現的政治清明、法度嚴謹，也迅速成了只供緬懷的記憶。為了徹底去除屈原的影響力，同時善加利用屈原的學識涵養，熊槐更以迅雷不及掩耳的速度撤換了屈原的左徒之位，改任為「三閭大

夫」，負責督導楚國屈氏、景氏、昭氏等三大貴族子弟的課業與品行。

熊槐之所以這麼做，理由非常簡單。

透過靳尚、上官大夫的轉述，他很不愉快的得知屈原以其賢能恤民，在楚國百姓間享有極高的聲望，而他這個賦予屈原權力、使屈原得以揮灑自如的人，卻完全被世人給遺忘忽略。這次屈原只憑一紙密報就扣押了析君的貨物，讓他突然看清屈原個性中專制獨斷的一面，於是暗自慶幸還好自己及時發現這點，否則說不準哪天會有更重要的臣子親貴被屈原不分青紅皂白的打上叛國罪名，關進牢裡去，而他這個楚國第一人卻還被蒙在鼓裡。

屈原所散發的耀目光芒已經遮蔽了自己身影的事實，令熊槐非常的不是滋味，深深懊悔先前

過分信賴屈原，給予屈原過多的權力，於是現在急著收回。

　　疏遠屈原，轉而親近靳尚、上官大夫這一幫人後，熊槐的日子過得十分安心舒適。他們在政事上沒有太多的想法和野心，不會威脅帝王的威信，他們的言語永遠婉轉討好、悅耳動聽，讓帝王每天都有好心情。

　　午夜夢迴之際，熊槐偶爾會聽見屈原在自己耳邊嘮叨，說他這邊那邊做得不好，需要改進，誰誰誰會是個良吏，必須任命。他清楚屈原的意見百分之百正確，卻狠下心置之不理。

　　因為他熊槐是楚國的王，沒有人能代替他決定任何事情！

　　對屈原來說，楚王熊槐突然疏遠自己一事，簡直就是天地崩毀、日夜互換的巨變。他無法想像這中間究竟出了什麼差錯，竟使熊槐憤而切斷與自己的關係。

　　震驚與迷惑之餘，屈原憶起前陣子作過的一個夢，於是去找占夢者解釋。

　　在繚繞的香煙中，他緩緩訴說夢境:「我嘗試登天，卻在半途失去了渡船。」

　　神祇透過占夢者降下口諭：「你的目標雖明確堅定，卻沒有從旁輔佐的人。」

　　屈原聞言，更進一步追問：「既然如此，我是不是注定一輩子承受危難孤獨，走在跟別人不同的道路上?」

　　神祇沒有正面回答他的問題，只是這樣說道:「你的心裡早有答案，為何還要求神問卜？國君的心意變幻、難以預測，你怎能在他身上押下所有賭注？為了楚國，你竭盡所能而不曾考慮是否對自己有利，為了國君，即便是逆耳忠言你也從不畏懼說出口。你執行政令是如此嚴格迅

速，在不瞭解你的人的眼中看來，就好像是目中無人、獨斷獨行；你的志向是如此純粹單一，反倒凸顯那些小人的曲意逢迎、投機取巧、自私自利。當他們開始在國君耳邊搬弄是非、說長道短，任你有一百張嘴也是分說不清。」

神祇嚴屬的話語中飽含著關愛與同情，稍稍撫慰了屈原內心的委屈。

「那麼未來我該怎麼做才是最適當的？」

神祇幽幽嘆了口氣，「你記得晉國的太子申生吧，人人都知道他是個孝子，他的父親卻聽信謠言，最後逼死了申生；鯀當年治水時，固執己見不肯接受他人意見，最後功敗垂成。你的遭遇跟他們或有雷同之處，可得好好的想一想。」

於是屈原離開祠廟，回到官

舍，漫步在庭院中，思索著今後該當如何。

他從來就知道自己為了國家、為了君王，一路勇往直前的結果就是結下不少仇家，更有許多人袖手旁觀，等待他犯錯，看他笑話。他唯一的盾牌是君王的信任，一旦失去這個護符，張牙舞爪撲向自己的就只會是譏諷與辱罵。

果不其然，當他遭受貶謫，轉任「三閭大夫」這個名望雖高卻無任何實權可言的職位後，過去自己大力栽培提拔的官員頓時作了鳥獸散，紛紛拜入其他更有力的人士門下，曾經車水馬龍的大門前再也沒有卿士等著拜會，偶爾找上來的全是因為深諳逢迎諂媚之道，如今備受君王寵幸，看他失勢專程過來耀武揚威一番的小人。

飽受攻訐與毀謗的屈原曾想

當面跟國君表白心意，解釋冤屈，結果被一干佞倖阻擋在殿門外，偶然一次得見君王，卻被對方厭煩兼氣怒的三言兩語，澆熄了所有信心。

熊槐不是一位堪稱賢明的君主嗎？怎會如此輕易的相信別人的挑撥離間，卻不給他一個辯解的機會？這些年來他以為君王對自己的信任堅若磐石，怎知竟在一夕之間，信任就成了過眼雲煙？他從來就是言行一致、表裡如一，君王為什麼不能從中省察他的真心，反倒根據那些流言詆毀來裁定他的罪狀？

滿腔的怨氣與委屈找不著出口，屈原不禁放聲高歌：

「只因不喜歡逢迎拍馬，竟就招致憂傷苦痛，如今我要發洩這滿腔的怨恨。我所說的每句話都是出自肺腑，可以請上蒼五帝來做個見證。我竭盡所能忠誠的

侍奉國君，反而遭到小人的攻擊；我先報效國君再考慮自己，結果卻招來眾人的仇視──」喉頭突然一陣哽咽，教屈原再也唱不下去。

前些日子，姐姐聽說他被貶謫的消息，專程從丹陽趕來郢都，問他到底犯了什麼過錯。聽完他的述說，她又是心疼又是氣惱：

「你的學識豐富，個性忠誠正直，為什麼偏偏得跟那些一無操守、二無德行的人在朝廷裡共事？現在被冤枉了、污衊了、委屈了，我們既不可能挨家挨戶去辯解，又有誰會知曉你所作所為的本意？這世界上，人人都相互抬舉、成群結黨，為什麼只有你是孤零零的一個人，必須獨自承擔所有痛苦與失落？」

姐姐的責備一針見血，卻沒辦法提供太多安慰。他清楚在這

個時節，選擇退讓、選擇沉默只
會坐實自己的罪名，但若是不甘
寂寞、跑出去大聲陳述冤屈，又
會有誰將他的申訴聽進耳裡？

　　痛苦的屈原只能問自己：今
後該怎麼辦呢？

　　局勢是如此險惡，上藏弓
箭，下設羅網，想躲避都找不到
藏身之地。選擇蟄伏潛藏等待時
機，他害怕有更大的災殃落到自
己身上；選擇遠走高飛到其他地
方，他又擔心國君會問起自己的
去處；選擇改變心性學那些小人
胡作非為、不顧道義，卻又對不
起自己的良心……

　　迷惘的屈原困坐長廊下，直
到送走天邊最後一絲霞光。

3 欲語不得的大夫歲月

　　西元前 315 年，秦國擊潰魏軍，取得曲沃。次年，秦國大敗韓軍於岸門，斬首數萬，韓國被迫將太子送往秦國當人質求取和平。又次年，秦國大勝趙軍，取得藺，魏國亦因兵困馬疲，無力再戰，在這一年向秦國俯首稱臣。至此，能夠阻擋秦國統一天下的，只剩下東方的齊與南方的楚。

　　於是在西元前 313 年，秦國將侵略的矛頭，指向了南方。

　　秦國，橐泉宮。

　　秦王贏駟坐在席位上，滿臉意氣風發。「如今魏、韓、趙三國先後臣服我國，又已去除義渠、巴、蜀等心腹大患，看來該是挾此威勢橫掃齊、楚的時候了。」

宰相張儀把握時機，上前奏道：「大王，此刻楚國大將軍景翠正率領軍隊，駐守在國境邊緣，又有三大夫率上、中、下共九軍包圍曲沃與於中，如今兩方對峙，戰事一觸即發，局勢甚為凶險。這次楚國膽敢精銳盡出，與我國正面決戰，完全是仰賴背後有齊國的全力支持，我國若想贏得勝利，首先得破壞齊楚盟約。」

嬴駟頷首，「聽你這麼說，想來是心中已經有了瓦解齊楚盟約的計謀？」

「不只如此，還是個可以助我秦國奪取楚國漢中的一石二鳥之計。」張儀的笑容充滿自信，「大王，請派臣出使楚國，臣定能不辱使命。」

※　　　　　※　　　　　※

秦國宰相張儀攜帶大筆財寶，來到楚國，求見楚王熊槐。

有敵自遠方來，楚國大殿上

自然朝臣林立，嚴陣以待，就連許久無涉政事的三閭大夫屈原也側身在某個小角落裡，等著聆聽敵方使者究竟要傳達什麼樣的消息。

只見張儀站在大殿中心，恭敬的朝熊槐作個揖：「大王，您的少年武勇、英明果敢早已經聞名國際，今日小臣親眼見識大王，才知傳言所描述的竟然不到您風采神威的十分之一。」

熊槐半點也沒被迷湯暈了頭，怒聲說道：「廢話少說。雖然『兩國交戰，不斬來使』，但你若不趕緊說明來意，休怪本王一怒之下，將你驅逐出境。」

張儀絲毫不感恐懼，態度依舊從容有禮：「敝國國君一直掛記著秦楚數百年累積下來的深厚情誼，萬分不願曾經情同兄弟的兩個國家就此決裂、干戈大興，因此特別派遣小臣前來跟大王解釋

秦國的立場與請求。」

　　熊槐冷哼一聲，不屑的反問：「他還有什麼好解釋的？先是挖我楚國牆角，攻滅巴、蜀，然後是占領數百年來為我楚國領土的商於之地，現在更囤兵在曲沃、藍田、南鄭，覬覦我漢中國土——張儀啊張儀，不是我熊槐無情，而是你秦王先對我楚國無義！」

　　張儀上前一步，急急澄清：「大王此言差矣！我王攻滅巴、蜀，是因這兩個國家長久以來一直滋擾我國邊境；占領商於，是因為該地就在楚秦兩國的邊界，我國大軍一個不小心就越了國境——」

　　這是什麼歪理！熊槐當場被張儀氣得臉紅脖子粗，眼看就要將張儀轟出殿外，張儀卻在這時拋出一句話：「但是小臣有辦法讓商於之地再度歸於楚國！」

「咦？」此言一出，眾人皆驚。

熊槐也一挑眉眼，萬分感興趣：「你的辦法是什麼，說來聽聽。」

張儀一拱手，十分誠懇的說道：「敝國國君生平最景仰的是您，最痛恨的是齊王，長久以來一直想討伐齊國，只是顧慮著楚、齊交好，不便出兵。因此，只要您能跟齊王絕交，讓敝國國君得以伐齊，小臣就能說服他獻出商於之地。」

熊槐聽了這話，有些心動。

張儀眼見機不可失，越發加緊力氣，繼續鼓動他的三寸不爛之舌：「商於之地共計六百里，不但物產豐饒，而且戰略位置重要，歷來是兵家必爭之地。倘若您能藉著與齊王絕交，不費一兵一卒就從敝國國君手上取回商於之地，則楚國的實力必然增強，

這是第一個有利；楚齊絕交，齊國被孤立後國力必然削弱，於是楚國就有號令齊國的能力，這是第二個有利；您幫助敝國國君完成討伐齊國的心願，敝國國君自然欠您一份恩情，楚秦兩國就可以藉著這個機會重修舊好，這是第三個有利。」

「有理、有理！」熊槐大喜，似乎當場就要答應張儀，殿上其他臣子也多是一臉喜不自勝的樣子，好像已經將商於之地握在手裡。

屈原卻心中大感不好。

秦王野心勃勃，怎可能把嘴裡的肥肉吐出？張儀這人向來舌燦蓮花，所作所為都是為了讓自己在秦國的官位能夠節節高升，今天這樣把楚國的利益掛在嘴上，分明是另有圖謀。

屈原越想就越覺得張儀可疑，忙動腦思考該怎樣出聲勸

阻，才能讓近年來已不接受他任何建言的態槐回心轉意，不過卻有人先站了出來戳穿張儀的說法。

那個人是陳軫，他曾經在秦國任官，較瞭解秦王的心態，所以一聽就聽出張儀說詞中的破綻。

「大王，秦王之所以敬重您，是因為您與齊王的交情正好，盟約正堅固。倘若您在取得商於之地前就先宣布與齊國絕交，則是楚國孤立了自己，秦國又何必敬重孤立無援的楚國？更何況這交易口說無憑，八成只是張儀誆騙我國、謀取利益的伎倆。微臣敢斷言，如果您宣布要先得地，再絕交，秦王眼見計策落空，一定會回絕您的要求；如果您先絕交，再要求地，就一定會被張儀欺騙。您被張儀欺騙後定是非常憤怒，說不定立刻就跟

秦國鬧翻，但您又已經與齊國絕交，背棄盟約，惹怒齊王，如此東叛齊、西絕秦，結果將招來齊、秦兩國的大軍壓境。」

沒錯，沒錯，就是這樣。屈原聽得連連點頭，暗自稱讚陳軫的分析精準，心想熊槐應該會把張儀轟出國門，不料——

「不用多說了，寡人想堂堂一個秦王，應該不至於出爾反爾。」熊槐站起身來，大聲宣布他的決定:「張儀，寡人與你就此一言為定！寡人立刻派遣使者前往齊國，傳達楚、齊絕交的意思，而你就負責讓秦王歸還商於的六百里地！」

屈原渾身一顫，瞬間閃過腦海的，竟是無數個不祥的預感。

※　　　　　　※　　　　　　※

楚國宣布與齊國絕交後，楚王熊槐喜孜孜的派人去秦國找張儀履行承諾。沒想到張儀先是推

託自己生病，不方便接見來客，後來見楚齊絕交已成定局，乾脆翻臉不認帳，說：

「小臣哪來通天本領，跟大王討到商於六百里地給楚王？如果說是『六里』，那小臣倒還有辦法可想。」

熊槐接到這個回覆後，勃然大怒，立刻要興兵討伐秦國。

陳軫趕忙上奏，希望熊槐從長計議。「以楚國一己之力討伐秦國，恐怕落得兩敗俱傷的下場。既然已經跟齊國絕交了，大王不如將錯就錯，另外找其他國家結盟一起討伐齊國，奪取齊國土地來彌補被秦國占領的商於之地，這樣一來一往，楚國還不至於兩頭落空。然而大王今天的作法卻是相反！都已經跟齊國宣布絕交了，卻又去責備秦國的失信，這豈不是兩方得罪，變相加強秦、齊兩國的邦交嗎？如此一

來，楚國將會遭到極大的災患。」

然而熊槐不聽，一意孤行。

西元前 312 年，秦、楚開戰。

楚國兵分二路，由屈匄率軍進攻商於之地，又有景翠領兵圍攻韓國的雍氏，被楚國片面撕毀盟約的齊國也以大局為重，聯合宋國的軍隊，一起圍攻魏國的煮棗。

然而秦國對此早有準備，分三路出兵加以反擊楚軍：由樗里疾率軍進入韓國，對景翠施行反包圍，派魏章到商於之地迎戰屈匄，最後由甘茂進攻楚國的漢中。

戰事一旦展開，幾乎就呈現一面倒的局勢。

魏章首先在丹陽大敗楚軍，斬首八萬，俘虜屈匄及其他楚國將領七十多人，然後魏章的軍隊與甘茂會合，攻下楚國漢中六百

里地。樗里疾戰勝景翠後，繼續東進，幫助魏國打敗齊宋聯軍。

熊槐眼見漢中失守，趕緊調動全國軍隊進行反攻，一度深入秦國，在藍田一地展開決戰。結果楚軍再度戰敗，韓、魏亦趁機南下攻楚，楚軍腹背受敵，最後只得狼狽撤退。

總之，由於張儀的計策，秦國順利取得漢中一地，將關中、巴、蜀納入統治範圍，擺脫楚國對秦國本土的威脅，並且占領函谷關及武關以東的所有重要據點，從此進可攻、退可守，再也無人能阻擋其聲勢。反觀楚國，不但在丹陽、藍田二戰慘敗，高階軍事將領戰死七十多人，還失去了打從楚國立國之初就已擁有的漢中國土，其國力也從此由盛轉衰。

※　　　　　　　　※　　　　　　　　※

屈原還來不及消化故鄉丹陽

被秦楚二國軍隊闢成戰場、家人在戰火中下落不明的消息，就被熊槐十二萬火急的召進了宮裡。

仰望三年未見的君王，屈原內心翻騰，難以自已。這幾年楚國戰事連番受挫，國土一寸接著一寸被侵奪，諸多不順心的事情交相摧逼，竟把正當壯年的熊槐折磨得憔悴不堪。

「你可知寡人這次召你前來，究竟是為了何事？」熊槐的語氣有點冷淡、有點疲憊，讓屈原迅速鎮定了下來。

「微臣猜想，大王該是要微臣再度出使齊國，締結盟約。」

「果然還是你最摸得清寡人的心意。」熊槐嘆了口氣，不禁在這個曾經最信賴的臣子面前，撤除了君臣間的距離。「漢中陷落，丹陽、藍田兩戰失利，將領、士兵死傷慘重，寡人後悔當初聽信張儀的話，以致讓楚國遭

到這樣的厄運。」

「大王……」屈原一陣囁嚅，不知該如何寬慰排解君王的悔恨哀傷。

「你什麼都別說了，這些死傷損害都是寡人一念之差所導致，寡人再難過悲傷也只是咎由自取。」熊槐沉默半晌，終於打起精神，沉重而嚴肅的命令屈原：

「此次出使，你只准成功、不准失敗，寡人在這裡盼望你攜著好消息歸來。」

「微臣遵旨。」屈原一揖告別了君王，立刻整裝啟程，前往齊國。

他知道此番使齊締結盟約，難度遠大於上回，畢竟楚國國力已經不如當年，再加上是楚王首先違約背信……然而就算是比這更困難一百倍的任務，為了楚國，他沒有失敗的餘地。

秦王嬴駟得知楚國再度倒向

齊國後，趕忙找張儀過來商議該怎樣走下一步棋。

「寡人本想將新占領的漢中地還一半給楚國，緩和秦楚二國間的惡劣關係，怎料楚王寧可不要地，卻要你的命。」

張儀想都不想，直說：「那就應楚王要求，讓微臣到楚國去吧。」

嬴駟不放心的連連搖頭，「楚王的火氣正猛，你去了楚國，怎還有命回來。」

張儀笑著回答：「微臣自有保命之計。」

張儀一到楚國就被楚王關進牢裡，準備挑個黃道吉日宰了奠祭楚國死難軍民。

暗中收了張儀不少好處的靳尚於是悄悄進宮，與楚王的寵姬鄭袖夫人會面。

「夫人，您可知道您即將失去大王的寵幸？」

鄭袖一驚，急急追問原因。

靳尚滿臉憂心的答道：「張儀是秦王相當重視的臣子，今天大王把張儀逮捕下獄，秦王肯定是要想法子救他的。我已聽說秦王為了救張儀，決定將他年輕而美麗的女兒嫁給大王，同時還準備了不少陪嫁的宮女、財寶，以及上庸六縣的收益。大王怎麼可能抗拒得了這位美貌的秦國公主，而這公主又怎麼可能不利用自己的家世背景，讓自己登上大王正妻的寶座？到了那個時候，大王可還會記得身邊曾經有個愛他的鄭袖夫人？」

鄭袖聽了，一張臉緊張慌亂得發青又泛白。「那可該怎麼辦呢？」

靳尚說：「您為什麼不趕緊去建議大王放了張儀？張儀一旦獲得釋放，心中一定對您感激不盡，那秦國公主不用嫁給大王，

秦國也必然因此敬重您。您已在國內享有崇高的地位，如果能跟秦國建立良好關係，再加上張儀的助力，您的孩子必定能成為楚國太子，這豈不是天大的利益？」

「的確如此。」鄭袖連連領首，「我立刻去說服大王放了張儀。」

話未落，她匆匆起身，前去找尋熊槐施展魅力。結果不用幾天的功夫，張儀就被釋放了。

幾經周折、終於達成使命的屈原，此刻正在返回楚國的路上。他聽說張儀被釋放的消息後，立即快馬加鞭，趕回楚國進諫熊槐：必殺張儀！

熊槐也對自己的決定後悔不已，急忙派人去追趕張儀，可惜已經來不及了。

西元前 311 年的秋天，秦王嬴駟去世，太子嬴蕩即位，與嬴蕩關係不睦的張儀被迫離開秦國

另尋發展。一年後，張儀死於魏國。

隨著嬴駟的死、張儀的離去以及嬴蕩將侵略的目標轉向東周，秦國與楚國相互對峙的緊張局勢，暫時進入一個較緩和的時期。

※　　　　　※　　　　　※

西元前 307 年，秦王嬴蕩＊懷抱著取代周王室的意圖，驅車

放大鏡

＊**嬴蕩**　即是史籍中的秦武王，在位時間僅有短短的四年（西元前 310 年至前 307 年）。秦武王早有奪取天下王權的野心，於是在即位之初，就派遣甘茂及向壽攻取韓國的宜陽，打通通往東周首都洛陽的道路，然後驅車直入洛陽，舉九鼎。

韓國在面對秦國侵略時，曾向齊、楚請求支援。雖然楚國在吃了秦國兩次大虧後，回到合縱抗秦的路線，於是應韓國的請求派出援軍，但秦國也在出兵攻韓前派遣馮章到楚國進行遊說，承諾只要楚國不出兵，等秦韓戰事結束就歸還漢中地。楚國的抗秦決心其實並不堅決，就這樣屈服在秦國的利誘之下，表面上派遣軍隊援助韓國，但實際上卻將軍隊駐紮在邊境，一直等到宜陽被秦軍攻破後才出兵救援。

宜陽的陷落，標示著秦國勢力已深入中原，對中原諸國（包括楚國）的威脅將更為嚴重，可惜楚國當時只著眼於立即的利益，放任宜陽淪入秦國之手，而在日後嚐到惡果。

直入東周，在其首都洛陽與大力士孟說比賽看誰力氣大，能夠舉起象徵天下王權的「龍文赤鼎」，結果嬴蕩竟因此折斷筋骨而死。

即位為秦王的嬴稷*此時年齡還很幼小，國家大事都操縱在母親宣太后以及舅舅魏冉的手裡。宣太后是楚國貴族出身，對祖國自有一份感情，於是再度採行親楚聯楚的政策，主導秦楚兩國聯姻。

楚國，郢都王城。

「大王，微臣聽說您將迎娶秦國公主。」隨著楚國政策轉向聯

放大鏡

＊**嬴稷** 即是史籍中的秦昭王，在位時間長達五十六年（西元前 306 年至前 251 年）。嬴稷剛即位時，有同父異母的兄弟與他爭奪王位（史稱「季君之亂」），母親宣太后與舅舅魏冉花了三年功夫才平定亂局。

之後，嬴稷以秦國雄厚的武力為後盾，並採用范睢「遠交近攻」的策略，逐步擊敗無法團結抗秦的韓、魏、齊、楚、趙等國家，持續的擴充領土，削弱敵國勢力。直到嬴稷去世之前，秦國統一天下的局面已經是不可逆轉的了。

齊制秦，屈原再度獲得楚王熊槐的重用，於是才在聽說君王將與秦國聯姻之時，親自上門確定。

熊槐的回答簡單扼要。「這件事已成定局，你就不用發表意見了。」

君王話裡的含意，頓時激怒了屈原。「大王，您還記得丹陽、藍田兩場戰役的仇恨嗎？您可還記得死在秦軍手下的楚國百姓、士兵、將領？您可還記得那時您有多懊悔因自己的一念之差，接受秦國利誘，結果不但商於之地拿不到手，連原屬我國的漢中地也被秦國奪走？微臣當年費了多少心血才讓齊國不計前嫌，願意再度與我國結盟，怎麼您竟不把盟約當回事，說毀約就毀約！」

「大膽！誰允許你這樣跟本王說話！」熊槐大怒，出手掀翻了几案。「這是本王的決定，哪由

得你來評斷說嘴！」

屈原被那巨大聲響嚇了一跳，但立刻鎮定心神，背脊一挺，更是怒氣沖沖的追問：「大王不是才答應了齊王，要與齊、魏、韓三國一起出兵攻秦，收復漢中、巴、蜀，現在您又應允了宣太后的聯姻要求，請問您先前承諾予齊王的究竟還算不算數？您這樣的行為跟違約背信有什麼兩樣？您不擔心因此招來別的國家圍剿嗎？」

熊槐不禁惱羞成怒，大聲斥責：「你除了質疑本王的決定外，到底還會些什麼？如今我國的軍力尚未回復，而秦國的實力正當強盛，本王若不透過宣太后主政的機會，改善與秦國的關係，難不成要去硬碰硬，冤枉斷送楚國國祚？」

屈原聞言，差點要為君王的天真而狂笑出聲。「大王，秦楚

二國數百年的姻親關係都不能阻止前代秦王奪取我國巴、蜀、漢中了，您以為憑您這次的聯姻又能起多大的作用？現在是宣太后主政，宣太后親楚，於是秦楚關係改善，但秦王本人的意思呢？秦國政權終究是要交還到秦王手上的！」

熊槐被屈原這番情理兼具的分析堵得啞口無言，整張臉漲得通紅。

屈原喘口氣，繼續說道：「現在宣太后想與我國聯姻，其實是因為她好不容易平定了秦國前幾年的內亂，於是想藉著聯姻穩住我國，爭取時間重整軍力，等到時機成熟，秦國會再度轉回他的老路子，而我國亦將首當其衝。大王，請您三思而後行啊。」

熊槐沒有反應，只是一逕兒沉默著。

正當屈原以為君王已將自己

的意見聽進耳裡，正在重新考量聯姻一事時，熊槐突然一聲暴喝：

「滾出去！本王不想再看到你！」

然後是竹簡、杯子、玉鎮、竹蓆……一股腦兒全往屈原站立的方向砸了過去。

熊槐的憤怒是如此嚇人，萬分驚恐的屈原腦中唯一還清晰的意念是必須趕緊逃離這樣的處境，等他回過神來，才發現自己已不知在郢都的大街上站了多久了。

他魂不守舍的遠眺天空，只見西天盡頭一輪火紅夕陽，轉瞬就要沉沒在地平線的彼方。

「天晚了……」屈原喃喃自語，心底清楚該是打道回府的時刻，兩隻腳卻彷彿有自己的意識般定在當場，半步也不肯往前走。

　　是啊，還回官舍做什麼？既然熊槐已經完全否定自己的意見、想法，繼續霸著那個官位支領俸祿也沒什麼意思。這次的頂撞已逾越君臣分際，更超過君王對臣子所能容忍的限度，或許他能請人代替自己跟熊槐解釋一切，卻又不知這個「人」要上哪裡去找。

　　屈原搖搖頭，提起腳步要往反方向走，卻只邁出一步就又僵住腳步。

　　偌大郢都，他竟不知自己除了官舍外，還有什麼地方可去。想奔回故鄉躲進雙親懷裡尋求安慰的衝動來得猛烈，更讓他不禁溼潤了眼眶。

　　丹陽……已經是秦國的土地，再也回不去了，這麼久沒有家人的消息，只怕他們早已魂斷戰火之下……

　　周遭人們熙熙攘攘，似乎都

很知道自己的目標在哪，一步一步毫不猶豫的往目的地邁進，反襯得呆立路中的屈原更加孤單淒涼。

他該往哪裡去呢？普天之下，還有什麼地方容得下他屈原呢？

嘎！嘎！嘎——

嘶啞的鳴叫聲打斷了屈原的冥想。他的視線無意識的追向聲音來處，看見無數的歸巢雀鳥拍動著雙翅橫過天際，撲進街道盡頭一幢低矮房舍的園子裡。

「那是……占卜師『靈氛』的住所。」

彷彿被不知名的力量所驅使，屈原一步一步往那房舍前去。

屋子裡唯一的光源是泥盆中緩緩燃燒的炭火，靈氛老邁而睿智的臉孔在火光的映照下，散放著一股超脫凡俗的氣息。

他把弄蓍茅與竹枝良久後，說了占卜的結果：「你應該離開這裡，到外地尋找能夠重用你的人。天下何處無芳草，你又何必惦念著祖國而束縛了自己？」

屈原心裡一陣悸動，很想聽從靈氛的占卜，卻又猶豫不決，畏縮著不敢遵從。

於是靈氛召來古代神巫的魂魄，請祂決斷屈原未來該當如何。

神巫說：「你應該到別的地方去尋找志同道合的伙伴，一個內心真誠、自我要求極高的人，怎會沒有發展的場所？衛國人甯戚在齊國牧牛維生時，被齊桓公聽見他唱的歌，知道他的賢能，於是任用他當輔佐；姜尚落魄到在朝歌當屠夫時，周文王一眼就認清他的才能，舉薦他擔任太師。你要像他們一樣，趁著自己還年輕、還有施展才華的時光，到能

夠自我發揮的地方，努力實現理想。要記得，歲月的流逝飛快，沒有任何人能挽留，千萬不要到了年齡老大之時，才來後悔虛度了光陰。」

屈原點點頭。

當天晚上，他做了一個夢。他夢見自己折下瓊枝作食物，搗碎了美玉作乾糧。在一個風和日麗的早晨，他登上玉飾座車，駕起飛龍，捨棄了那個跟自己理想不同的人，起程前往可以施展抱負的國度。

旅程途中，他調轉方向，前往仙山崑崙；玉車旁，雲霓旗幟高舉，遮蔽了刺眼的陽光，玉製鸞鈴懸吊在車上，迎風搖曳，叮噹作響。高空中還有鳳凰展開雙翼，圍繞著旗幟，款款遨翔。

走著走著，走到極西之地的赤水流沙畔。他指揮蛟龍搭起橋梁，命令西方的神祇將他渡過河

去。經過不周山，左轉向西海，他召集了成千上萬的車馬同行，要所有的車馬跟隨他，轉往同一個方向。

如此逍遙啊，如此無拘束！有八條神龍為自己拉車，背後是旗幟迎風招展。他在雲端上奏起了〈九歌〉，舞起了〈九韶〉，要盡情享受這美好的時光。

忽然一個低頭，他瞥見層層雲靄下的楚都郢城。

一時間，跟隨的家臣悲痛得哭溼了衣襟，馬兒低聲嘶鳴著不願繼續前進，而他也遏制不住滿懷的哀傷……

屈原醒來，發覺自己竟不知在何時淚溼了兩頰。

果然是放不下，也無法遺忘。就算在其他地方能有好發展又如何？自己真正在乎的也只是楚國的安危興亡啊。

屈原又好氣又好笑的抹去淚

水，從此不再考慮離鄉遠颺。

幾天之後，屈原接獲熊槐的旨意：三日內，前往漢北。

※　　　　　　※　　　　　　※

有鳥自南兮，來集漢北。

夜色蒼茫，屈原獨立高崗上，遙望紀山；紀山後，是他朝思暮想的楚國都城。

放逐漢北已經六、七個寒暑了，他日夜等待楚王熊槐召他回返郢都，結果總是失望。他的君王，恐怕早已不記得還有個臣子執著的守在漢北了。

仰望長空，夜幕上星辰羅列，指示著都城所在的方向。屈原忍不住要想，倘若他的肩胛能生出雙翅，或是讓靈魂脫離肉體自在飛翔，他可以不管道路的曲折險阻，在一夜之間回到郢都，得見君王。

然而得見君王又如何？熊槐的喜怒無常、決定反覆，不但不

把自己的忠誠看在眼裡，更佯裝耳聾聽不見自己的勸諫。他輕易聽信小人的讒言，卻不容自己絲毫的辯解，他任性違背既定的承諾，卻對守信的自己動輒發怒。雖然心裡仍存在著親近君王的念頭，但層層恐懼已經禁錮了自己的行動……

長夜漫漫，愁思難當。屈原一聲長嘆，煩亂苦悶的步下山岡。

在屈原被放逐的七年中，戰國局勢格外的詭譎多變。

首先是西元前 305 年，楚國在秦國的重利賄賂下，背棄了與齊國簽訂的盟約，轉而親近秦國。之後，在秦國宣太后的主導下，秦王嬴稷迎娶楚國公主為妻，楚王熊槐亦娶了秦國公主，以婚姻鞏固了兩國的關係。

西元前 304 年，嬴稷舉行冠禮，宣告成年，正式取回政權

後，約熊槐在黃棘會面，確認盟約，並將位於漢中的上庸當作禮物，贈予楚國。在這個時候，秦楚二國的關係似乎正當甜蜜美好。

西元前 303 年，秦國在拉攏穩定了楚國後，揮軍攻向魏國，取得蒲阪、晉陽和封陵等位於秦、魏之間黃河上的重要渡口。緊接著秦國又發兵韓國，攻取武遂，占領了韓國貫通南北的重要通道。

由於秦國步步逼近、不給絲毫喘息空間，韓國、魏國只有倒向齊國才有生存的機會，而齊、魏、韓三國結盟後的第一件事，就是討伐「撕毀盟約、投靠秦國」的楚國。

面對齊、魏、韓三國軍隊的來勢洶洶，楚國只好將太子熊橫送往秦國當人質，求來了秦國派兵來救。三國軍隊迫於秦國威

勢，暫時退去。

西元前 302 年，魏、韓二國再度投靠秦國，魏王與韓國太子更親自朝見秦王，以無比周到的禮數宣示了對秦國的尊敬與服從。反觀楚國方面，作為人質押在秦國的太子熊橫則跟秦國的一名大夫起了衝突，最後熊橫竟在私鬥中殺死了對方，不得不連夜逃回楚國。由於熊橫的私自潛逃，看似親密其實脆弱無比的秦楚關係，正式宣告破裂。

西元前 301 年，齊國第二次策動魏國、韓國出兵，並合併秦國軍力，一起攻擊楚國，以報復楚國四年前的毀約背盟行為。

迎戰史無前例的四國聯軍，楚國自然不敢有絲毫大意，先是派名將昭睢領軍對付秦國，又命令大將唐昧率軍對抗齊、魏、韓三國聯軍。在楚秦戰線這邊，由於昭睢治軍有方、態度謹慎，秦

國不敢正面相抗，最後並未發生激烈的戰鬥。但在另一邊，齊、魏、韓三國聯軍圍攻楚國方城，兩方沿著沘水對陣了六個月，最後是齊國名將匡章探得有關沘水深淺的情報，趁夜渡河發動攻擊，在沘水邊的重沙一地大敗楚軍，殺死楚國將領唐昧，趁機併吞了大塊土地。次年，秦國再度伐楚，殺死楚國將領景缺，占領了戰略地位極為重要的襄城。

除了一連串的對外戰爭失利外，楚國國內政治腐敗、社會黑暗的情形日漸嚴重，終於將人民推到忍無可忍的極點。不堪被壓迫剝削的百姓跟隨軍官莊蹻進行武裝叛變，在全國各地展開了大規模的群眾暴動，而楚國官吏竟然對此束手無策。莊蹻的軍隊所戰皆捷，一度攻到楚國首都，其威力幾乎要將楚國扯得四分五裂。

　　外有強敵，內有叛寇，楚國被這樣的窘境逼得焦頭爛額，最後只好將太子熊橫送往齊國當人質，向齊國乞求和平。秦國為了爭取齊國的支持，也將秦王嬴稷同母異父的弟弟——涇陽君——送到齊國當人質。

　　屈原當年的預言至此全部不幸言中，而被國君放逐漢北的他，也在這緊要關頭被召回都城，擔任使臣的任務。

抑鬱悲憤的
晚年時光

齊國，首都臨淄。

向來熱鬧喧囂、擁擠不堪的首都大街上，像是快刀切生肉般硬生生畫出一條走道，然後是七、八輛座車，伴隨著十數騎衛士，不快不慢的從圍觀人潮前經過。

「這是哪邊的使節啊？」人們交頭接耳，好奇的望著這隊不算寒酸簡陋，卻也談不上隆重盛大的車馬來處。

「看那旗幟上的圖樣，應該是楚國吧。」既是首都，自然有人見多識廣。

「哦，原來如此。看這陣仗，我本來還以為是哪個附庸小國來朝見我國國君，沒想到竟是那個遊走在秦、齊之間，自以為左右逢源、佔盡便宜，結果被四

國聯軍殺得丟盔棄甲的南方大國啊……」

「反觀前幾天抵達的秦國涇陽君，同樣是來當人質，可是那個車馬啊、隨從啊、旗幟啊、儀仗啊，全都鑲金嵌玉、簇新華麗，怎麼看、怎麼威風，不愧是傲嘯西方的鼎盛強國。」

眾人的譏諷與輕蔑，屈原一字不漏的聽進耳裡，不禁一陣心痛。

這是他第三次來到臨淄，心境卻跟前兩次大不相同。

第一次出使齊國是在十七年前，那時六國合縱攻秦剛剛結束，他身為六國之中國力最強的楚國使臣，車馬所過之處無不萬民注目，眾所禮遇，十分風光體面。隨後與齊王討論結盟事宜時，更是相談甚歡，直似兩國間有百年交情。

第二次使齊是在十一年前，

起了敗仗，痛定思痛的楚王熊槐於是派他到齊國來，修補齊楚兩國的關係。雖然是有求於人，再加上楚國理虧在先，整個結盟過程中著實吃了不少暗虧與侮辱，然而屈原絲毫不以為意，亦不覺得委屈，只要一想到自己的行動將使楚國再度轉回聯齊制秦的路線上，他的士氣就越發昂揚，精神越是抖擻奮發。

　　然而這一次使齊，無論是顯露在外的出使目的，抑或隱藏在內的國家情勢，全都處在最糟糕的情況下。前者是代表「戰敗國」向齊王求取和平，後者則是楚國不但在對外戰爭上連番遭到重大挫敗，甚至連國內都陷入動盪不安的狀態，以致堂堂楚國使節的車馬竟然只是勉強湊出行頭、保住顏面，卻絲毫談不上南方大國所該有的體面與排場。

　　屈原為此感到無比恥辱與憤怒。不到二十年前，楚國是這塊大陸上疆域最廣大，土地最肥沃，文化水準極高的國家，怎知經過十多年來的內政不修、外交失當，竟淪落到今日必須跟他人搖尾乞和的下場。

　　他憤怒！對那些不重視國家利益，只知滿足個人私欲的權臣、親貴與官吏。

　　他痛心！為那些在艱困環境中苦苦掙扎的人民，那些在殘酷戰爭中冤枉斷送生命的軍人與百姓。

　　他不解，為什麼楚王熊槐看不清這一切困境的癥結，全都起自他重用了太多只會討好他、奉承他的倖臣；他不懂，為什麼有人可以只管自己生活優渥舒適，絲毫不顧國家、百姓的死活；他更無法理解，為什麼朝中一干大臣只知巴結秦國，求取暫時的安

泰平靜，蒙起眼睛不去正視秦國貪婪的本質。

　　然而事到如今，他再憤怒、痛心都已無濟於事。他唯一能做的，就是盡己所能，為楚國爭取到最好的戰敗國待遇。

　　齊國發派給楚國太子熊橫及其使臣車馬居住的，是一座半廢棄的狹窄院落。它的屋脊低矮，室內潮溼，木柱遭蟲蛀，牆板透霉味，如此寒酸簡陋的居所，十足十是有意冷落羞辱楚國來者。

　　有道是「人在矮牆下，不得不低頭」，於是屈原站在雜草叢生的院子裡，督導隨從打掃環境，想在最短的時間內將宅第整理出個適合人居的樣子。

　　「屈大人，門外有位田澤先生來拜訪您。」

　　屈原一聽，疲憊的臉龐頓時浮起一抹興奮，立刻撇下隨從快步移向大門處。「田澤先生可是

稷下學宮中首屈一指的學者，你們還不快快迎他進來。」

大門外，白髮蒼蒼、美髯飄逸、一襲學者裝束的老者聽見屈原話語，朗聲對道：「屈大人，十年未見，您的風采一如當年，真是可喜可賀。」

「好說、好說，田先生快快請進，寒舍還沒完全整理好，待會若有什麼不周到的地方，只有請先生多多包涵了。」屈原笑著引導田澤進入大廳，命僕人奉上茶水。「今天是颳什麼風，怎把您給吹來了？按照道理來講，應該是在下先到稷下學宮拜訪您才是。」

「不就是性急而已嗎？」田澤先生笑呵呵的答道：「想做的事情就得馬上做，我年紀也不輕了，怎經得起一個『等』字。」

屈原也忍不住笑了。「您說的正是，光陰歲月催人老，十年

前我頭髮還是黑得發亮，怎料現在已經白花，再過個幾年，只怕連走都走不動了。」

「這就是我來的目的。」田澤不浪費時間在寒暄上，迅速切入正題：「我今天是代表稷下學宮前來，邀請屈大人到學宮講課。」

屈原聞言，真可謂是又驚又喜。稷下學宮經過前後二代齊王的大力經營，早以網羅天下才學飽足之士而名聞當世，學宮裡的學者不但地位超然，意見也備受世人重視，其影響力之大甚至可以左右齊國的施政方向。當他還是左徒之時，就曾引用稷下學宮所發展出的稅制，修訂了楚國稅法，如今有機會拜訪學宮，親身接觸各家學說思想，實在是求之不得的大好機會。

於是屈原立刻應允：「田先生的邀請，在下甚感榮幸，過個幾日，等事務處理妥當，必定到學

宮求教各位先生們。」

「您誤會學宮的意思了。」田澤先生一個眼色，示意屈原摒退左右。「實不相瞞，我這次前來不僅是代表稷下學宮，更是代表敝國國君。十多年前屈先生第一次出使齊國時，敝國國君便已對您的淵博學識印象深刻，您第二次使齊所受的挫折與委屈，其實是敝國國君有意為難，當您順利取得齊楚盟約時，就代表敝國國君已經肯定您的能力。」

屈原點點頭，心裡暗道：難怪當時齊王不合理的要求一堆，原來是另有目的。

田澤繼續說道：「敝國國君當年就有延攬您入稷下學宮的想法，只是您匆忙返國處理張儀一事，沒來得及說出口。這些年來，您在楚國備受冷落，甚至被貶謫到漢北一待七年，敝國國君全都聽說了，心想既然楚王不辨

珍寶，那就讓識貨的齊國來重用，於是派遣我來邀請您，希望齊國能成為您施展身手、實現理想的地方。」

這是一個多麼貴重的邀請！作為一個有學養、有抱負的人，終其一生所追求的，不就只是一個能夠讓自己發揮所長的舞臺嗎？然而屈原心中早有決定，所以只是沉默了半晌以思考措詞方式：「在下感激貴國國君的讚許與邀請，可惜在下一心懸念的就只是楚國的興亡安危，只有婉拒貴國國君的一番美意了。」

田澤見他態度堅決、語調更隱隱透著一股蕭索，心底瞬間竄過一絲不祥的預感，不禁焦急的拉高聲調：「屈大人，您何苦如此固執，框死了自己？楚國朝政腐敗、佞臣橫行的情形早就已是陳痾難起。您當年任職左徒、並有楚王的信任傍身之時都無法撼動

123

分毫了，更何況今日您無權無勢，只是在國家危急之時被拉來救火？

「再者，為人處事，當知曉變通之道。魯國人孔丘當年為了宣揚自己的主張，曾經周遊列國十四年，鄒國人孟軻倡導仁政，曾是齊王、魏王的座上賓，商鞅本是魏國宰相的家臣，最後跑到秦國主持變法，就連這些學者、能人為求發展，都不惜離鄉遠遊了，學富五車如您又何必執著在楚國一地呢？」

屈原一聲苦笑。「您說的在下怎會不知道呢？只是在下想過，就算自己在外地能飛黃騰達，但假如楚國依舊積弱不振，甚至被敵人給滅族亡國，那在下的成功又有何意義？先生的好意，屈原在這裡心領了。」

田澤張張嘴，還想勸說，但卻不知道能說些什麼。

　　對這麼一個心堅似鐵的人，還有什麼言語可以勸得他回心轉意？

　　當田澤起身離開，坐上座車，臨行前回望屈原之時，突然清楚的感覺到這將是自己最後一次看見對方。

　　屈原的命運將會如何？

　　田澤不敢多想，因為他已隱隱約約的知曉，那將是個令所有理解屈原的人悲慟莫名的結局。

※　　　　　　　　※　　　　　　　　※

　　西元前 299 年，秦國在爭取到齊國的友好後，對楚國展開了下一步行動。

　　秦王嬴稷先是發兵攻占了原屬楚國的八座城池，再派人送信給楚王熊槐，信上說道：

　　「五年前，寡人與楚王您以兄弟互稱，在黃棘結為同盟，結盟當日的種種喜悅歡欣，無一不令寡人銘記在心。怎料好景不

常，您於我國作客的太子竟殺害了寡人重要的臣子，並在事後不告而別，寡人為此大感憤怒，於是出兵報復……

「聽說您為了求取和平，將太子送到齊國作為人質，寡人為此深深感到遺憾，心想秦楚兩國由於疆域相互接壤，數百年來互為婚姻，感情實在深厚，奈何今日秦楚交惡，以致無法齊心合力，號令天下諸侯。為了彌補這層遺憾，寡人願意與您在武關會面，當場約為同盟……希望能盡速得到您的回覆。」

熊槐讀完嬴稷的信函，內心萬分憂慮，畢竟他已領教過秦國的出爾反爾、翻臉不認帳，然而今日已有八座城池的損失在前，不能不慎重考慮如何回覆秦王。可是去武關嘛，擔心又是一個陷阱，不去嘛，更害怕觸怒嬴稷，使兩國關係更加惡化——國內亂

局尚未完全平復的楚國，已經承受不起再一場戰爭了。

於是他召來幾名親近的臣子，討論應對之道。

熟悉外交事務的屈原看完秦王的信簡後，首先說道：

「秦國的貪婪暴虐是大王早已見識過的事實，秦王的承諾更是脆弱如紙完全不能夠相信，微臣認為大王不能去武關，去了恐怕後患無窮！」

主掌軍事任務的昭睢也認為熊槐不該去武關，他說：「秦國早就懷有吞併各國的野心，此刻的善意背後一定隱藏著更多的惡意。微臣認為大王應該加強軍備、自我防衛，千萬不能將楚國的生存延續交給秦國決定。」

熊槐覺得他們的話很有道理，但仍然猶豫不定，於是轉頭詢問他目前頗為看重的小兒子——子蘭——的意見。

子蘭說：「孩兒認為父王還是接受秦王的好意，畢竟秦國的國力正盛、氣焰正高，拒絕了只怕會招來更糟糕的厄運。」

屈原聞言，臉色一沉，正要反駁，熊槐卻擺手喝令他別再多說。

「寡人就走這一趟武關吧，畢竟多年征戰下來，楚國軍民已經疲累不堪，能少一戰是一戰。」

熊槐抱持著為楚國減少憂患的念頭去了武關，哪曉得在武關等待他的不是秦王，而是秦國的伏兵。他一進武關就被秦兵俘虜，直接送往秦國首都咸陽。

秦王在章華臺接見熊槐時，不是以招待兄弟盟邦或姻親國家之主的鄭重其事，而是以對待蠻夷之臣的輕蔑態度。熊槐受此污辱，才真正醒悟到秦王的不可信賴，後悔當初沒聽從屈原、昭睢的忠告。

只見章華臺上，秦王一副高高在上、施恩也似的口吻：「寡人知道堂堂楚國之王不能夠在秦國作客太久，更知道楚國迫切希望能與秦國結盟……那就這樣吧，只要楚國願意割讓巫郡與黔中郡予秦國，寡人立刻備妥車馬隨從，護送你風風光光回返郢都。」

熊槐不禁勃然大怒：「你怎敢訛詐我，又強要我楚國土地！」之後不管秦王再怎麼威脅利誘，他再也不肯相信對方任何一個字了。

秦王見狀，乾脆一不做、二不休，將熊槐扣留在秦國。

※　　　　　　※　　　　　　※

熊槐被秦王挾持，要脅割讓巫、黔中二郡的消息，迅速傳回楚國，不僅百姓聞之震驚，朝中臣子更是惶恐。

「巫郡？黔中？一個是扼守三峽的重鎮，另一個是地廣三千

的要邑，如果這樣讓給了秦國，我等死後有何顏面去見楚國歷代君王？」

「大王被小人嬴稷扣押，現正引頸企盼我們的救援，哪來時間思考割土讓地究竟丟不丟臉！」

「都說秦王言而無信了，誰知割讓二郡後秦王會不會遵守承諾，說不定他見此招得逞，越發獅子大開口，強要我國把郢都也讓出去！」

「那大王怎麼辦？就放在秦國不管了嗎？好啊，原來你早存著反叛之心……」

大殿上，朝臣各站立場、誰也不服誰，眼看一言不合就要打起來了。屈原孤單一人站在梁柱的陰影裡，低垂著頭，難過得心直要滴出血來。

倘若當時他的態度更堅決、更強硬，不惜拼上一條性命以阻止熊槐赴約，是不是就可避免今

日大王被扣留在秦國的局面？他早知秦王毀約成習，早知赴約必有後患，怎麼會因熊槐的一個擺手示意，就鬆口不再堅持己見？那個當下的自己究竟是怎麼了，怎會犯下這麼重大的錯誤？

屈原越想越自責，恨不得立刻插翅飛到秦國去，與君王同生共死。

然而就在他悔恨交加的時候，大殿上的討論已經進行到另一個方向。

「大王被拘禁在秦國無法回來，太子又在齊國當人質，假如齊、秦兩國狼狽為奸，以大王或太子的性命當盾牌，派遣軍隊前來侵犯，那麼沒有國君的楚國就危險了。不如就先擁立現在人在國內的公子為王，斷絕秦國的威脅，也避免齊國對我不利吧。」

屈原一聽這話，心頭更是悲憤。你們竟已在討論另立君王

了？難道你們真打算放棄大王，任他在秦國受盡敵人侮辱，也放棄質押在齊國的太子，不管他是大王屬意的繼位人選嗎？

這時昭睢說話了：「大王與太子都困在別的國家，已經足以證明我等的無能了，不應該還違背大王的意願，另外擁立其他的公子為王。」

眾臣又是一陣騷動。

「但要怎麼跟齊國談判，齊王才願意讓太子回國啊？」

「這任務可不簡單，有誰在齊國尋得到門路，可以承辦這件事情？」

屈原旁聽他們的討論，內心陷入兩難。理智上他知道應該迎回太子，立為君主，以斷絕秦國的要挾，但在感情上他實在無法接受就這樣把熊槐扔在秦國不管，因為那人曾如此看重自己，而自己也曾對那人寄予厚望，認

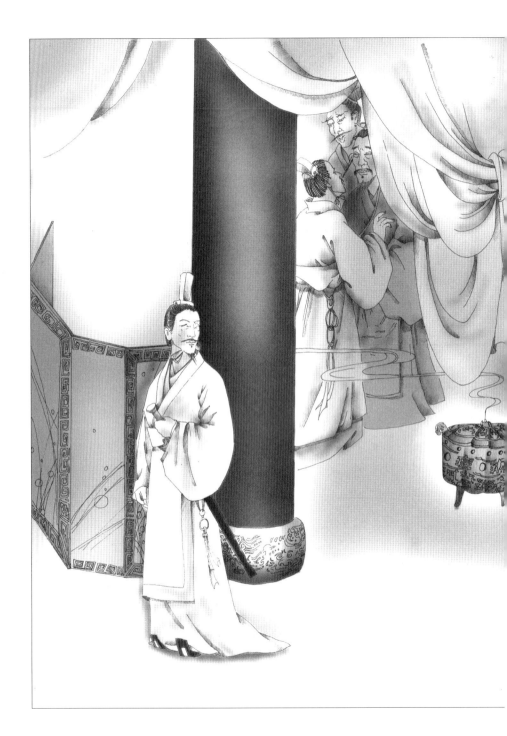

為是楚國揚威天下的希望所在。可是他又怎能堅持自己主觀上的偏好，而不顧國家的安危呢？到了這種時候，所謂形勢比人強，哪還由得他依隨自己的心意處事？

於是屈原一咬牙，挺身而出。「就由我去齊國報喪，說是大王已經駕崩，要迎太子回國即位，如此名正言順，諒齊王也不敢多加阻攔。」

眾臣轉頭尋找這個自告奮勇的人，視線交集之處，竟是一名已經許久不曾出現在朝廷上的清瘦男子。

「屈大夫有三次出使齊國的經驗，想必有熟識的齊國有力人士。」昭睢眼睛一亮，大步走向屈原，鄭重的作個揖。「我知道接手這份任務是太難為您了，然而楚國需要您，太子也需要您，就只有煩勞您此行多多費心。」

　　雖有臣子不滿這個重責大任竟由屈原出頭承接了，但既然位高權重的昭睢已經表示同意，他們也不好再發表其他意見，只好嚥下差點出口的冷言冷語，言不由衷的給了幾句祝福。

　　屈原沒多說什麼，但聰慧如他，早已從昭睢的語氣、行動中，明瞭對方能夠體會並尊重自己的心情，頓時孤寂已久的心靈因這難得的知音，泛起一圈圈感動的漣漪。

　　熊槐最小的兒子——子蘭——此刻也在大殿上。他勉強擠出冷靜的表情參與朝臣的討論，心情隨著其中轉折而起伏不定良久，最後竟得到這個不如意的結果，不禁憤恨的瞪了昭睢、屈原一眼。

　　齊王接到「楚王熊槐駕崩」的消息後，本想扣押楚國太子熊橫，換取楚國淮北一帶的土地。

但宰相孟嘗君＊勸阻他，說道：

「倘若因我國扣押熊橫，楚國於是另立新王，不但我國手上的人質從此失去價值，全天下人也會站在楚國那邊指責我國『趁

＊孟嘗君　姓田名文，出身於齊國王族，以養士眾多而聞名當世，與魏國信陵君、趙國平原君、楚國春申君合稱「戰國四公子」。與孟嘗君相關的故事有很多，最出名的當是「雞鳴狗盜」。現在略述如下：

孟嘗君曾經入秦，擔任秦昭王的宰相。後來秦昭王聽信謠言，認為孟嘗君不可能對秦效忠，但又因他對秦國的事情知道太多，不能放回齊國，就將孟嘗君軟禁起來，準備殺了他。

孟嘗君於是派人去跟秦昭王的寵姬求情。寵姬表示願意幫忙，但要求一件白狐裘作為酬勞。孟嘗君是有一件價值千金的白狐裘，可是已經獻給秦昭王當禮物了，叫他上哪再拿出一件白狐裘呢？

正當孟嘗君愁白頭髮，問遍門下食客都沒有法子解決難題時，有個食客站了出來，表示自己幫得上忙。於是就在那個夜晚，該名食客偷偷進了秦國皇宮的寶庫，學狗吠叫引開了衛士，順利將白狐裘偷到手，將之獻給秦王寵姬。寵姬也遵守諾言，說服秦昭王放了孟嘗君。

孟嘗君一經釋放，立刻改名換姓，連夜逃出秦國。當秦昭王後悔先前的決定，派兵追捕孟嘗君時，孟嘗君已經抵達城門緊閉的函谷關口。依照關卡的規定，雞鳴報曉時才能開門，而此時只是半夜，又有追兵緊逼在後，眼看要無路可走了。

這時食客中有人會學雞叫，一聲高啼，群雞響應，守城門的士兵以為天快亮了，就將城門打開，使孟嘗君一行人得以逃回齊國。

人之危，見利忘義』，這對我國來說，實在不是什麼好評價，也破壞我國主導國際局勢的威信。」

於是齊王接受孟嘗君的建議，使熊橫得以返國即位。

至於秦國這邊，秦王眼見扣留熊槐謀取楚國巫、黔中二郡的計畫失敗，楚國還另立新君宣示不願屈從秦國的意念，於是一怒之下發兵攻楚，大敗楚軍，斬首五萬，侵奪了十五座城池以洩憤。

熊橫※即位為楚王的第二年，韓、衛、齊三國攻秦，打入函谷關，獲得重要勝利，迫使秦

※**熊橫** 即史籍中的楚頃襄王。他在擔任楚王的三十三年（西元前 298 年到前 266 年）中，不但忘卻殺父之仇，忽視國際情勢，繼續與秦國親善，而且還沉迷在聲色犬馬中，不思改革朝政，任憑國力日漸衰落。到了統治後期，面對秦國越來越猛烈的攻擊，楚國越來越明朗的滅國態勢，他依舊不思振作，只曉得遷都到東方，求個一時的安逸。

楚國在他手上只有日漸消沉、萎縮、墮落，喪失了最後的反擊能力。

國投降。被軟禁、但從未灰心喪志的熊槐終於逮著機會，趁亂逃出秦國。秦國察覺熊槐逃走後，立刻派兵封死通往楚國的所有交通要道，熊槐被迫往北，走小路逃到趙國，希望能透過趙國的幫助，返回楚國。

然而此時趙國才剛改朝換代，新任趙王不敢觸怒秦國，緊閉城門不讓熊槐進入。熊槐只好調頭逃往魏國，但秦兵已在這時追上他的車馬，再度將他俘虜，送回咸陽。

一年後，熊槐病死於秦，秦楚從此斷交，各諸侯國也從此不再相信秦國的任何承諾。

※　　　　　　　※　　　　　　　※

熊槐客死秦國的消息傳來，舉國哀慟。

「您真的死了……」屈原楞楞的癱在一室黑暗中，彷彿耗盡了全身血氣般，連一根手指也指

揮不了。他本來還懷抱著不管要花費多久時日，自己終究會等到熊槐生還楚國的那一天，怎料隨著熊槐死亡、靈柩被送返郢都，希望最後成了絕望。

恍惚中，他的神魂彷彿回到多年前秋日之時的雲夢大澤，看見自己與熊槐策馬急馳在鬱青草原上……

有無數奔馬在不遠處竄動，連綿成一線的火光狼煙將獵物驅趕到一處；獐子、野兔、雉雞、山鹿……個個倉皇狼狽恐懼狂亂，欲逃無路。熊槐大笑著彎弓放箭，一條條生命就此無聲無息的殞落，恐懼與死亡的氣息沉沉的壓入屈原心底深處。

終於，他無法忍受，上前勸阻：「大王，上天有好生之德，可否網開一面？」

熊槐橫了他一眼，半是氣惱

半是無奈的收回弓箭:「你就是不肯讓寡人有絲毫放縱的時候啊?」

「臣不敢。臣只是覺得——」

「別說了,你那些古聖賢王如何如何的話,寡人聽得都會背了。」熊槐的語氣好似斥責,卻又流露一絲絲的喜悅。「不過你的勸諫再不中聽,寡人也是非聽不可,誰教你是為寡人著想呢。」

他受寵若驚的抬起頭,正好望進了君王讚許的眼中。

「有了你的監督,寡人應當可以在史冊上留下『明君』的聲名吧,哈哈哈——」君王朗朗大笑,伸手指向西方即將沉入地平線的火紅夕陽。

「就這樣辦吧,你繼續指正寡人的過失,寡人則盡可能努力改正,等到你我年老之時,再來看看這世界究竟成了誰家天下,寡人又有什麼樣的威名!」

「曰黃昏以為期……曰黃昏以為期……」可是那個跟他訂約的人，三魂七魄已經消散在異國山水間，倉倉惶惶不知如何返回江南故土。

「對，要招魂，招您的魂魄回來江南。」屈原振作精神，擦了擦不知何時淚溼的臉頰，撐起虛軟無力的身軀，燃起油燈，攤開竹簡，竭盡所有文思刻下招魂的誓詞：

魂兮歸來！東方不可以去啊，那裡有索魂的巨人，把金石也都銷溶的烈日；南方不可以久留啊，那裡的野人拿人肉祭祀，還把骨頭剁成爛泥，更有猛獸四處出沒，吞食往來行人止飢；西方有流沙萬頃，五穀不生，滴水無覓，孤單無所依；北方冰磧漫山，飛雪千里……

魂兮歸來！回到您的國都，回到您的宮廷。那裡寧靜安樂，蘭蕙飄香，絲綢輕軟，美人在旁；那裡有美酒佳餚，調味羹湯，鐘鼓雅樂令人心搖神蕩，彩袖旋舞教人眼炫心花……魂兮歸來！我王！歸來這深深依戀著您的江南。

　　屈原一把火燒了為熊槐而作的招魂詩。隨著那裊裊香煙騰入青天，颯颯冷風將字句真言捲向西方，他彷彿看見飛龍彩鳳拉著瑤玉座車馳往秦國方向，前去接引那楚國曾經的王。

※　　　　　　※　　　　　　※

　　屈原招熊槐魂魄一事，在郢都傳得沸沸揚揚。

　　人人都說還是屈大夫忠耿，一心惦念著逝去的楚王；許多人抄錄屈原創作的招魂詩，再學他燒了詩作，好像這樣做就真能引

143

導熊槐的魂魄歸返故鄉；更有人跳出來翻舊帳，指稱要是當年聽了屈大夫的話，不去武關赴那該死的盟會，熊槐就不會被言而無信、滿肚狡詐的秦王扣押，最後病死異地。

被熊橫提拔、擔任「令尹」一職的子蘭聽到百姓指責他「思慮不周，連累楚王」，氣惱得將這些不中聽的話全都記在屈原身上。

他在熊橫的耳邊說：「屈原私底下嫌棄您，說都是您當年在秦國闖禍，毀了秦楚盟約，才會導致今日秦楚交惡的情況。」

靳尚從來就視屈原為眼中釘，如今更逮著機會在熊橫耳邊煽動：「國都的人都在燒屈原的招魂詩、招先王魂，大王啊，他們心中可還有您這個楚國真正的王？」

昏庸的熊橫信了他們的挑

撥，於是大筆一揮，就這樣將曾經助他登上王位的屈原流放到千山萬水之外的陵陽。過了幾年，他偶然想起屈原，似乎覺得發配到陵陽還不夠消他火氣，又將屈原驅趕到位於楚國疆域西南角的溆浦。

「放逐」這個下場，多少在屈原的預料之中；他沒猜到的是這回的流放地居然這麼遙遠，幾乎已經達到當時所知最荒僻的窮山惡水。

招楚王魂錯了嗎？他不認為自己有錯，可是他還需要辯解什麼呢？又有什麼是值得辯解的？熊槐死了，橫豎他說的話已經沒有人會聽進耳裡了。

於是就在那個初春時節，屈原簡單收拾了行李，帶著幾個陪自己這麼一路走來的家臣，來到位於城門東側的渡頭。那裡停了一艘小舟，準備載著他沿著長

江、夏水，航行到遠方。

朝陽下，船槳齊揚，小舟體貼離鄉人的心情，慢吞吞的航離城門。屈原站在船尾上，望向東城門上的雕龍，內心無限悲傷。

今朝離開郢都，何時才再有回歸的希望？前途茫茫，抑鬱的心將停駐在何方？

※　　　　　　　※　　　　　　　※

溆浦的叢林茂密昏暗，高聳的山勢常常遮蔽了所有陽光；山腳下幽闇多雨，霰雪飄飄蕩蕩無根無涯，山嵐霧氣積蓄在屋簷下。長久獨居山中，生活毫無樂趣，屈原沒有一晚不曾夢見故鄉。

在夢裡，位於丹陽的祖居仍然巍峨聳立，父母親的年齡雖然老大，身體卻是硬朗，最愛的姐姐則一身雪白祭袍，站在神壇前轉達太一神對楚國的祝福。他也常常夢見郢都，那個繁華的、熱

鬧的楚國都城，還有英姿煥發的熊槐笑著拍拍自己的肩膀，讚許自己法令研擬得當，實在是楚國的股肱之臣。

夢醒就是痛苦的開始。他會憶起丹陽早已陷落在秦國手裡的事實，父母、姐姐、鄉人……通通都已經不在世上，屈氏一族世世代代居住的屋宇亦毀於戰火。他還會想起熊槐逐漸疏遠自己的那段難熬時光，當熊槐大怒之下將自己放逐到漢北時，又是怎樣的絕望愁苦。

為了安慰自己，屈原找遍了史書上所有關於忠臣賢人的記載：殘暴的紂王將賢能的比干剁成了肉醬，吳王夫差賜劍給伍子胥命令他自殺，隱士桑扈為了堅持理想，窮得連蔽體的衣物都沒得穿，賢人接輿眼看局勢混亂無常，剃去頭髮裝瘋賣傻。是啊！是啊！忠良的人不一定會被重

用，賢能的人也不一定會被褒獎。今日被楚王熊橫放逐邊疆，其實也不是最糟糕的下場。

他猛然醒悟自己應該悠遊自得四處尋訪，不要虛度時光。

於是白天裡，屈原四處漫步，東摘一朵芬芳的白芷，西採一節長年不凋的野草，整理成束配掛在腰間，隨口哼唱宮廷裡流行的曲調，渾然不顧南夷之人怎麼看待他的瘋狂。他遊走地方參訪祭典，看當地人們如何表達對神祇們的崇敬，嘔心瀝血創作祭神歌，讓楚國諸神因他的筆墨文采，深深的扎根在歷史的洪流裡。

到了夜晚，屈原會窩在一室黑暗中，想像自己駕著青虬白螭，奔走在長天之上，讓晚風排遣所有難解的憂傷。他可以跟古帝重華一同遊歷飾滿瑤玉的園圃，也可以登上崑崙山，摘採美

玉做成的香花；他瀟灑自若的登上險峻的高山，如燕子般輕巧的躍向霓虹的頂端；他從雲端俯視長江洶湧澎湃的江水，追想翻騰的水流究竟會奔向何方。

他慢慢的感受到喜悅從心底深處一湧而出，因為即便自己窮困潦倒，才華仍舊盈滿胸膛，名聲也依然突出顯著。他甚至還懷抱著一線希望，也許哪日楚王會突然醒悟，召他回去郢都，讓他為國家貢獻最後一點點力量。

西元前 279 年，秦國將領白起率領大軍攻擊楚國的陪都＊「鄢」。由於鄢都距離國都只有二百里，楚國自然派了主力軍隊頑強抵抗。白起久攻不下，乾脆在鄢都西北修築渠道，引漢水灌入鄢都，淹死了數十萬楚國軍民。

＊陪都　首都之外，另建的第二國都。

　　「郢都陷落」的噩耗再度將屈原擊倒在無底深淵裡，最後在一片絕望中，他看見了一絲光亮：

　　死諫！以自己的「死」，逼迫君王覺醒。

　　這是被貶謫江南、卻還想著要為國家貢獻最後一分力氣的屈原，所能採行的最終極的辦法。

　　他開始為自己的死亡做準備：安排家臣的去路、處分隨身的物品、跟熟識的朋友道別、整理謄抄完稿的詩作……

　　偶爾屈原心裡會閃過一絲遲疑，懷疑這麼做究竟能產生多少作用，那個昏庸到了極點的楚王熊橫可會理解他的心情。

　　日子就在這樣的猶疑中，一天又一天飛也似的過去，直到捻熄這最後一絲光亮的消息突然傳來……

尾　聲

　　西元前 278 年，即便狼狽流
竄於江南群山間，屈原還是輾轉
得來了郢都被秦軍攻破，楚王熊
橫被臣子簇擁著倉皇東逃的消
息。

　　就這樣了嗎？楚國國祚就這
樣到了盡頭了嗎？就算遷都到
「陳」，重開朝政，又能苟延殘
喘多少時日？鳳凰被驅逐到荒山
野嶺間，雞鴨卻囂張的舞在廟堂
上，忠貞賢達的臣子被放逐，巧
言令色的小人卻成了君王的耳
目！哈哈哈，任那些人鼓舌如
簧，又怎救得了楚國危急如懸
髮。

　　煙雨濛濛中，屈原披頭散
髮，衣衫襤褸糾結，漫無目的徘
徊在原野之上。

　　他昂首望向北方，依稀可看

見國都被焚的熊熊火光，百姓尖聲哭嚎著將從此淪為亡國之臣，宗廟裡，楚國歷代君王的牌位被當成柴火劈成碎片，溝渠裡浮著一具具慘白的屍身……

楚國將亡！

屈原又哭、又笑、又舞，散不盡滿腔的鬱悶、悲哀與憤怒。

他還能做什麼呢？垂垂老矣的自己還有什麼指望？曾跟他「曰黃昏以為期」的熊槐已經死了十八年，他也孤伶伶的、行屍走肉的多活了十八年。

夠了！夠了！夠了！

就這樣了吧！就讓那汨羅江水作為他的歸處！

滔滔孟夏兮，草木莽莽。

屈原一身雅潔儒服，頭戴切雲冠，腰懸陸離劍，漫步芒草間。他在江邊選了顆大石，用腰繩將自己捆在石頭上，望了故都最後一眼，思了那人最後一念，

然後縱身一躍！

滔滔江水，迅速吞沒了那清癯的臉孔、消瘦的身影，頭也不回的繼續往北奔流，彷彿什麼都不曾發生過一樣*。

※　　　　　　　※　　　　　　　※

有同情屈原、感念他對楚國一片赤誠的人，將他的死訊傳回楚國宮廷。

楚王熊橫聽了只是聳聳肩，回頭繼續沉溺在一干佞倖的吹捧奉承裡。

令尹子蘭聽說屈原已死，哈哈大笑後擺宴慶祝了三夜三天。

老邁的昭睢接到屈原死訊，

放大鏡
＊古老相傳，屈原投江自殺的這天，正當農曆五月五日。居住在汨羅江畔的人們曾操舟、灑網，在江上來回打撈屈原屍身，但最後仍是一無所獲。他們心疼這位一心為國、甚至不惜以身相殉的賢大夫，於是就將米飯炒熟，丟到江裡餵魚蝦，希望魚蝦在塞飽了米飯後，不會吞吃屈原的軀體。
這個舉動演變到最後，就成了我們相當熟悉的中國三大節慶之一：端午節。人們在農曆五月初五的這一天吃粽子、划龍舟，追憶二千三百年前的愛國忠臣——屈原。

難過得哭乾了眼淚。

一些還記得屈原當年事蹟的人，悲嘆著蒼天不仁，竟讓這位忠臣仕途乖舛……莫非天要亡楚？

果然，在屈原死後的第五十五年，秦兵攻破楚國最後的國都「壽春」，俘虜了楚王熊負芻，楚亡。

兩年後，秦王嬴政統一天下。

屈原

小檔案

前 340 年	誕生。
前 320 年	至郢都，成為熊槐的臣子。
前 317 年	第一次出使齊國，齊楚結盟。
前 314 年	升任左徒，後因析君、靳尚、上官大夫的讒言，被熊槐罷黜，改任三閭大夫。
前 313 年	張儀自秦國到楚國，用商於之地說動熊槐與齊國絕交。屈原欲諫熊槐，卻沒有機會。
前 311 年	因熊槐知道被騙，怒而攻秦國，但戰敗，於是熊槐再度起用屈原，命他使齊，締結盟約，齊楚再次結盟。
前 305 年	熊槐背棄與齊國的盟約，與秦國聯姻，迎娶了秦國公主。屈原雖力諫卻未被採納，後更被熊槐放逐漢北。
前 300 年	熊槐使太子質於齊國，屈原跟著太子又使於齊。

前 299 年　　熊槐受騙入秦而被扣留，屈原十分悲痛。

前 296 年　　熊槐死於秦，屈原因作招魂詩遭小人讒言，被熊橫流
　　　　　　放到陵陽、漵浦。

前 278 年　　秦將白起破楚郢都，屈原得知後，於五月五日投汨羅
　　　　　　江而死。

獻給孩子們的禮物

「世紀人物100」

訴說一百位中外人物的故事

是三民書局獻給孩子們最好的禮物！

◆ 不刻意美化、神化傳主，使「世紀人物」更易於親近。

◆ 嚴謹考證史實，傳遞最正確的資訊。

◆ 文字親切活潑，貼近孩子們的語言。

◆ 突破傳統的創作角度切入，讓孩子們認識不一樣的「世紀人物」。

藝術家系列

榮獲2002年
兒童及少年讀物類金鼎獎

第四屆
人文類小太陽獎

~帶領孩子親近二十位藝術巨匠的心靈點滴~

喬托	達文西	米開蘭基羅	拉斐爾
拉突爾	林布蘭	維梅爾	米勒
狄嘉	塞尚	羅丹	莫內
盧梭	高更	梵谷	孟克
羅特列克	康丁斯基	蒙德里安	克利

國家圖書館出版品預行編目資料

```
汨羅江畔的悲吟：屈原 / 郭怡汾著；夏燕靖繪. －－初
版二刷. －－臺北市：三民，2009
    面；    公分. －－(兒童文學叢書 / 世紀人物100)

    ISBN 978-957-14-4658-5  (平裝)
    1.(周)屈原－傳記－通俗作品

782.81                                              96004836
```

© 汨羅江畔的悲吟：屈原

著 作 人	郭怡汾
主　　編	簡宛
繪　　者	夏燕靖
發 行 人	劉振強
著作財產權人	三民書局股份有限公司
發 行 所	三民書局股份有限公司
	地址　臺北市復興北路386號
	電話　(02)25006600
	郵撥帳號　0009998-5
門 市 部	(復北店)臺北市復興北路386號
	(重南店)臺北市重慶南路一段61號
出版日期	初版一刷　2007年4月
	初版二刷　2009年1月
編　　號	S 781390

行政院新聞局登記證局版臺業字第○二○○號

有著作權．不准侵害

ISBN　978-957-14-4658-5　(平裝)

http://www.sanmin.com.tw　三民網路書店